누가복음

LUKE

말씀과 생활
강해 성경공부

원달준 지음

THE WORD & LIFE SERIES:
LUKE

THE WORD & LIFE SERIES: LUKE, An official resource for The United Methodist Church prepared by the General Board of Discipleship through Teaching and Study Resources and published by Cokesbury, 201 Eighth Avenue South, P. O. Box 801, Nashville, Tennessee 37202-0801. Printed in the United States of America. Copyright © 2014 by Cokesbury. All rights reserved.

To order copies of this publication, call toll free: 866-629-3101. You may FAX your order to 800-445-8189. Telecommunication Device for the Deaf/Telex Telephone 800-227-4091. Use your Cokesbury account, American Express, Visa, Discover, or MasterCard.

For permission to reproduce any material in this publication, call 615-749-6421, or write to Permissions Office, 201 Eighth Avenue South, P. O. Box 801, Nashville, Tennessee 37202-0801.

ISBN 9781426762796

Scripture quotations in this publication, unless otherwise indicated, are taken from THE HOLY BIBLE, Old and New Testaments, New Korean Revised Version © Korean Bible Society 1998 and 2000. Used by permission of Korean Bible Society.

Writer: Dal Joon Won
Cover design by Rick Schroeppel
Cover art: Copyright © 2012 Istockphoto

누가복음

목차

말씀과 생활 강해 성경공부 시리즈 … 5
누가복음 서론 … 7
I. 누가복음 1:1-4:13 세례 요한의 출생과 예수님의 탄생
   1:1-4 이루어진 사실에 대하여 … 9
   1:5-25 세례 요한의 출생을 예고하다 … 11
   1:26-56 예수님의 탄생을 예고하다 … 12
   2:1-7 아기 예수의 탄생 … 15
   2:8-20 목자들이 예수의 탄생 소식을 듣다 … 17
   2:21-40 정결예식 … 19
   3:1-20 세례 요한의 사역 … 21
   3:21-22 예수께서 세례를 받으시다 … 22
   3:23-38 예수의 계보 … 23
   4:1-13 예수께서 시험을 받으시다 … 24
II. 누가복음 4:14-9:50 예수께서 갈릴리 지역에서 사역하시다
   4:14-30 예수께서 첫 설교를 하시다 … 27
   5:1-11 예수께서 제자들을 부르시다 … 31
   5:27-32 레위가 예수님을 따르다 … 32
   5:33-39 금식 … 33
   6:1-5 안식일에 밀 이삭을 자르다 … 35
   6:12-26 열두 제자를 택하시다 … 37
   6:27-38 원수를 사랑하라 … 40
   6:39-49 남을 심판하지 말라 … 41
   7:36-50 한 여자가 예수께 향유를 붓다 … 43
   8:4-15 네 가지 땅에 떨어진 씨 비유 … 45
   8:40-56 야이로의 딸을 고쳐 주시다 … 46
   9:10-36 예수님은 누구이신가? … 48
III. 누가복음 9:51-19:27 예루살렘을 향하여 가시다
   9:57-62 나를 따르라 … 57
   10:1-20 칠십 인을 세워서 보내시다 … 59
   10:25-37 선한 사마리아인의 비유 … 60
   10:38-42 마르다와 마리아 … 62

11:1-13 기도를 가르치시다 … 64
12:4-34 믿는 사람의 가치관 … 66
13:1-30 성도들에게서 나타나야 하는 모습 … 69
14:15-35 제자가 되는 길 … 71
15:1-7 잃은 양의 비유 … 73
15:8-10 잃은 드라크마의 비유 … 74
15:11-32 잃은 아들의 비유 … 76
16:19-31 부자와 나사로 … 79
18:15-17 어린 아이들을 금하지 말라 … 82
18:18-30 부자 관리 … 83
19:1-10 삭개오 … 85
19:11-27 열 므나의 비유 … 87

IV. 누가복음 19:28-21:38 예루살렘에서의 사역
19:28-40 예루살렘에 입성하시다 … 88
19:41-48 성전을 숙청하시다 … 90
20:9-18 포도원 농부의 비유 … 92
20:20-26 세를 바치다 … 93
21:1-4 가난한 과부의 헌금 … 94
21:5-19 성전이 무너질 것을 예언하시다 … 95

V. 누가복음 22:1-24:53 예수님의 십자가와 부활과 승천
22:1-13 유월절을 준비하다 … 96
22:14-23 마지막 만찬 … 98
22:24-34 베드로가 부인할 것을 이르시다 … 100
22:39-46 감람 산에서 기도하시다 … 102
22:47-53 잡히시다 … 103
22:54-62 베드로가 예수님을 부인하다 … 104
22:63-71 예수께서 공회 앞에 서시다 … 105
23:1-12 예수께서 심문 받으시다 … 107
23:13-25 십자가 처형을 받으시다 … 108
23:26-43 구레네 사람 시몬 … 109
23:44-49 숨지시다 … 111
23:50-56 요셉이 예수의 시체를 장사지내다 … 112
24:1-12 살아나시다 … 113
24:13-25 엠마오 길에서 제자들에게 나타나시다 … 115
24:36-53 제자들에게 나타나시고 승천하시다 … 118

저자 소개 … 120

말씀과 생활 강해 성경공부

우리는 성경을 읽고 공부하면서 하나님의 뜻을 알 수 있고, 하나님을 만날 수 있고, 하나님의 음성을 들을 수 있고, 우리의 신앙생활을 위하여 안내를 받을 수 있다. 성경은 다양한 방법으로 공부할 수 있고 또한 지금까지 성경공부를 위한 수없이 많고 다양한 자료가 출판되었다. 모두가 신앙생활을 하는 데 도움이 되는 책들이다.

그러한 의미에서 이 성경공부 교재에 대한 심각한 질문들이 제기될 것이다. 지금까지 출판된 많은 성경공부 자료들과 무엇이 다르다는 말인가?

이 말씀과 생활 강해 성경공부는 성경 말씀 속으로 좀 더 깊이 들어갈 수 있도록 안내해 주는 데 목적이 있을 뿐만 아니라, 주어진 말씀을 조용하게 묵상해 보고 우리의 생활 속에서 적용할 수 있도록 안내해 주는 데 그 목적이 있다. 이 성경공부 교재를 사용하는 사람은 다음과 같은 혜택을 기대할 수 있을 것이다.

- 개인의 묵상 시간을 위하여 사용할 수 있다.
- 성경 말씀 속에서 자신의 모습을 볼 수 있도록 한다.
- 성경 말씀에 대한 정보뿐만 아니라 성경이 인도하려는 데 초점을 맞춘다.
- 개인의 생각을 성경에서 입증하려고 하기보다는 오히려 성경 속에서 하나님의 음성을 듣는 데 초점을 맞춘다.
- 본문에 비추어 나의 삶이 어떻게 변화되어야 하는가를 자신에게 묻는다.
- 삶이 변화되기 위하여 내가 무엇을 하나님께 구하고 또 내 스스로가 무엇을 내려놓아야 하는가를 항상 묻고 답을 찾도록 한다.
- 어떻게 하면 주님께 헌신하는 삶을 살 수 있을까를 자신에게 묻고 답을 찾는다.

- 예수님을 믿는 것과 예수님의 삶을 사는 것의 간격을 줄이려면 어떻게 해야 하는가를 생각하며 산다.
- 믿음생활을 방해하는 것들을 어떻게 제거할 수 있는지 길을 찾는다.
- 그리스도께 헌신하는 삶을 살려면 무엇을 어떻게 해야 할까를 자신에게 묻고 답을 찾는다.
- 우리 교회는 무엇을 어떻게 해야 할까를 생각하고 기도한다.
- 성경 66권 전체를 책별로 다루기 때문에 주어진 한 책을 가지고 시간에 제한 없이 묵상하거나 공부할 수 있다.
- 성경 번역본은 개역개정 외 새번역, 공동번역, Common English Bible (CEB), New Revised Standard Version (NRSV)을 참조한다.
- 소그룹 셋팅에서 사용할 수 있다.

　이 교재는 한 자리에서 한 장씩 공부하도록 고안된 것이 아니다. 성경책 순서대로 내용을 다루기 때문에 시간이 허용되는 대로 한 단락, 혹은 한 이야기, 혹은 한 장씩 공부하거나 공부하고 싶은 장으로 들어가 묵상하면 된다.

누가복음 서론

각 복음서는 저자들 나름대로 자신들이 체험한 예수님을 독특하게 소개한다. 마태복음은 구약의 예언을 성취하시는 분으로 예수님을 소개한다. 마가복음은 숨겨져 있고, 비극적이며, 제자들로부터 오해받고, 버림받은 분으로 예수님을 소개한다. 요한복음은 말씀이 육신이 되어 이 땅에 오신 분으로 예수님을 소개한다.

누가복음도 예외가 아니다. 누가는 예수님을 소개할 때, 소외받고, 버림받은 사람들을 측은히 여기시며, 가난한 자에게 복음을, 포로 된 자에게 자유를, 눈먼 자를 다시 보게 하고, 눌린 자를 자유롭게 하여 하나님의 자녀로 세워 주기 위하여 오신 사랑과 동정심이 많은 분으로 소개한다.

누가복음과 사도행전은 문체와 어휘가 같고 두 책 다 데오빌로 각하에게 바친 것으로 보아 같은 저자가 썼음이 틀림없다. 누가복음은 예수님의 탄생, 사역, 십자가, 부활과 승천에 초점을 맞추어 기록하고, 사도행전은 교회를 통해 역사하시는 성령의 역사에 초점을 맞추어 기록한다. 누가복음과 사도행전은 원래 제1권, 제2권으로 쓰여진 책들인데 신약성경이 경전화되어가는 과정에서 분리된 것이다. 이 두 책은 신약성경에서 4분의 1을 차지하는 큰 분량이다.

누가복음의 저자: 안디옥 출신 누가이다. 누가는 교육을 많이 받은 이방인 의사였고 (골 4:14), 사도 바울의 선교 여행 동반자였다.

누가복음의 수신인: 데오빌로 각하 (하나님을 사랑하는 자)

누가복음의 저작 연대: 주후 80-90년. 저자가 예루살렘이 주후 70년에 함락된 것에 대하여 알고 있기 때문에 책의 저작 연대가 주후 70년 이전이 될 수 없다.

누가복음의 저작 장소: 안디옥

누가복음을 쓴 목적
• 예수님의 탄생부터 승천까지에 관한 확실한 지식을 전달하여 주고, 독자들이 그 진리를 논리적으로 잘 이해할 수 있도록 돕기 위하여 썼다.
• 하나님은 죄인들을 사랑하시는 분이라는 것을 강조하기 위하여 썼다.
• 가난한 사람들, 여자들, 사회에서 소외당하고 있는 사람들도 하나님의 자녀들임을 강조하기 위하여 썼다.
• 성령의 역사를 강조하기 위하여 썼다.
• 하나님의 구원계획과 하나님의 신실하심에 대하여 일깨워 주고 또한 그들에게 하나님의 구속사역에 대하여 증거하고 헌신하도록 촉구하기 위하여 썼다.

누가복음의 특징
예수님은 죄인을 구원하기 위하여 오신 하나님의 아들이시요, 그리스도이시요, 구원자이심을 강조한다.
누가는 기도하시는 예수님의 모습을 여러 번 소개한다.
누가는 하나님께서 가난한 사람, 소외받는 사람, 이방인, 그리고 여자들을 들어 쓰신다는 것을 강조한다.
누가는 성령의 역사를 강조한다.
누가는 남자에 관한 이야기를 하나 소개하면 그 다음에 여자에 관한 이야기를 소개하고, 여자 이야기를 소개하면 그 다음에 남자 이야기를 소개한다. 예를 들면, 사가랴와 엘리사벳, 마리아와 요셉, 시몬과 안나, 백부장의 종과 과부의 아들 (7:1-17), 혈루증을 앓는 여자와 회당장 야이로 (8:40-56), 사마리아 사람의 비유와 마리아와 마르다 (10:25-42), 열여덟 해 동안이나 귀신 들려 앓은 여자와 수종병 든 남자 (13:10-14:6), 과부의 가산을 삼키는 서기관들과 가난한 과부가 생활비 전부를 헌금함에 넣는 이야기 등이다 (20:47-21:4).

누가복음 1:1—4:13
세례 요한의 출생과 예수님의 탄생

누가복음 1:1-4
이루어진 사실에 대하여

➡ 말씀 속으로 ⬅

1:1 우리 중에 이루어진 사실에 대하여 2 처음부터 목격자와 말씀의 일꾼 된 자들이 전하여 준 그대로 내력을 저술하려고 붓을 든 사람이 많은지라 3 그 모든 일을 근원부터 자세히 미루어 살핀 나도 데오빌로 각하에게 차례대로 써 보내는 것이 좋은 줄 알았노니 4 이는 각하가 알고 있는 바를 더 확실하게 하려 함이로라.

누가복음은 다섯 부분으로 나누어 생각해 볼 수 있다. 첫째 부분(1:1-4:13)은 세례 요한의 출생과 예수님의 탄생을 소개하면서 예수님의 사역을 준비하는 기간이다.

둘째 부분(4:14-9:50)은 예수님이 갈릴리 지역에서 사역하시는 내용이다. 이 부분은 예수님이 하나님의 구원계획을 이루어 가는데, 어떤 사람들은 예수님에게 긍정적으로 반응을 보이고 또 어떤 사람들은 부정적인 반응을 보인다.

셋째 부분(9:51-19:27)은 예수님이 예루살렘으로 가는 동안 하나님의 나라를 선포하고 제자들을 훈련하시는 내용이다. 이 여정에서는 특히 예수께서 제자들을 세워 주시는 내용에 대하여 강조한다. 그리고 예수님의 말씀을 듣고 가르침을 받는 사람들에게 제자가 되도록 초청한다.

넷째 부분(19:28-21:38)은 예수님이 예루살렘에 있는 동안 사역하시는 내용이다. 이 부분에서는 예수님의 권위와 성전 지도자들의 권위를 대비시켜 준다. 누가 하나님의 일을 하는 사람들인가? 진정 십가가 사건은 예수님을 적대

시하고 방관하던 사람들을 설득시킬 수 있을까에 대한 내용들을 전개한다.

다섯째 부분(22:1-24:53)은 예수님의 십자가와 부활과 승천을 소개하여 주는 부분이다. 예수님은 고난받으신 메시야이셨지만, 부활과 승천의 결과로 모든 나라에 선교할 수 있는 기대감을 제공하여 준다. 그 기대감이 사도행전을 통하여 전개된다.

1:1. 누가는 처음부터 자기가 쓰는 복음서의 내용은 "목격자와 말씀의 일꾼된 자들이 전하여 준 그대로 내력을 저술"하는 것이라고 분명하게 말한다. 자신은 벌써 "이루어진 사실"(성취된)을 전하여 줄 뿐이라는 것이다. 예수님의 탄생과 생애, 가르침, 고난, 죽음, 부활, 그리고 승천은 모두 구약성경 선지자들이 예언하여 오던 것들인데, 자신은 그 예언들이 성취된 것들을 전달해 줄 뿐이라고 말한다.

1:2. 역사가로서의 누가는 "목격자와 말씀의 일꾼된 자들이 전하여 준" 자료들의 객관적인 가치성을 잘 알고 있었다. 그러나 누가는 "이루어진 사건을" 사실 그대로 정확하게 보고하는 데 목적을 두기보다는 그러한 사건들이 갖는 의미를 더 강조하여 누가복음서를 기록해 나간다.

1:3. 그래서 누가는 자신이 근원부터 "자세히 미루어 살핀" 내용을 "차례대로" 써서 데오빌로 각하에게 보낸다. 자세히 살핀다는 것은 정확한 정보에 신경을 많이 썼다는 말이다. 그리고 "차례대로 써" 내려간다는 뜻은 독자들이 논리적으로 이해할 수 있을 뿐만 아니라, 독자들이 이야기를 쉽게 따를 수 있도록 기록해 나아간다는 뜻이다.

1:4. "데오빌로"는 "하나님의 친구" 혹은 "하나님을 사랑하는 자"라는 뜻이다. 데오빌로에 대한 많은 추측이 있지만, 그가 누구였는지 우리는 정확하게 알 수 없다. 누가는 하나님을 사랑하는 사람들에게 "이루어진 사실"을 "확실하게" 알려 주기를 원해서 누가복음을 쓰고 있다.

누가복음 1:5-25
세례 요한의 출생을 예고하다

➡️ 말씀 속으로 ⬅️

1:5-25. 사복음서 가운데 요한의 출생 기사는 누가복음에만 기록되어 있다. 세례 요한은 헤롯 대왕 때 태어났다. 헤롯 대왕은 에서의 후손 이두매 출신이었고, 주전 37년부터 4년까지 팔레스타인 전체를 통치한 왕이었다.

요한의 아버지 "사가랴"는 "하나님께서 기억하셨다"는 뜻이고, 어머니 "엘리사벳"은 "하나님의 맹세"라는 뜻이다. 이 두 사람은 하나님 앞에서 의인(율법대로 사는 사람)으로 살았지만, 그들에게는 자식이 없었다.

"아비야 반열." "아비야"는 "나의 아버지는 하나님이시다"라는 뜻인데, 아론의 아들 엘르아살의 아들이었다. 그는 24반열 가운데 여덟 번째 반열에 속해 있었다 (대상 24:10). "반열"(priestly order)은 제사장이 성전에서 일하는 직무 순서를 말한다. 제사장의 숫자가 필요 이상으로 많은 관계로 각 반열은 유월절, 칠칠절, 장막절을 제외하고 일 년에 한 주일씩 성전에서 봉사하였다.

1:13-17. 하루는 성전에서 분향하고 있던 사가랴에게 천사 가브리엘이 나타나 "너의 간구함이" (기도함이) 들려졌으니 "엘리사벳이 아들을 낳아 주리니 그 이름을 요한이라 하라"고 말해 주고, 그는 "성령이 충만"한 자가 되어 백성을 주께로 돌아오게 하는 자가 되리라고 말해 준다.

1:18-25. 천사 가브리엘은 사가랴에게 좋은 소식을 전해 주지만, 사가랴가 그것을 믿지 않기 때문에 그는 요한이 태어날 때까지 말을 못하게 된다.

사가랴의 반응과 하나님께서 개입하시는 것을 적극 환영하는 엘리사벳의 반응은 대조가 된다. 엘리사벳은 "주께서 나를 돌보시는 날에 사람들 앞에서 내 부끄러움을 없게 하시려고 이렇게 행하심이라"고 확실하게 말한다.

누가복음 1:26-56
예수님의 탄생을 예고하다

━━▶ 말씀 속으로 ◀━━

1:26-36. 누가복음에는 가브리엘 천사가 하나님의 기쁜 소식을 전달하기 위해 두 번 나타난다. 한 번은 사가랴에게 나타나고 (눅 1:5-25), 또 다른 한 번은 마리아에게 나타난다 (눅 1:26-35). 유대인의 전통에 따르면, "가브리엘"은 천사장의 역할을 하며 "하나님의 영웅"이라는 뜻이다. 가브리엘 천사가 전해 준 소식들은 하나님은 불가능한 것을 가능하게 할 수 있는 분이라는 소식이다.

1:26-27. 요한이 사회적으로 이름과 지위가 있는 가정에서 태어났다면, 예수님은 천한 가정을 배경으로 하여 태어나셨다. 그러나 예수님은 "지극히 높으신 이의 아들"이요, "하나님의 아들"로 태어나셨다.

"여섯째 달"은 엘리사벳이 임신한 지 여섯 달이며, 이때 천사 가브리엘이 갈릴리 나사렛에 있는 마리아에게 나타나 "은혜를 받은 자여 평안할지어다 주께서 너와 함께 하시도다"라고 기쁜 소식을 전해 준다.

신약성경에서 "다윗의 자손"은 메시야의 가문임을 뜻하는 표현이다. 메시야는 다윗의 가문을 통해 오기로 선지자들을 통해 예언되어 왔다. 요셉과 마리아는 다윗의 혈통을 타고난 사람들이었다. "요셉"은 목수이었고, 그는 복음서에만 언급되어 있다. "마리아"는 "존귀한 자"라는 뜻이고, 당시 문화 풍습에 비추어 나이는 12-14세이었을 것으로 추측된다. 마리아는 약혼은 했지만 아직 결혼은 하지 않은 여자였다 (34절). 당시 풍습에 따르면, 약혼은 결혼을 전제로 했고, 약혼을 파하려면 이혼을 해야 했다. 약혼한 사람이 죽으면 약혼녀는 법적으로 과부가 되었다.

"처녀"는 마리아가 결혼할 수 있는 연령에 이르렀지만, 아직 성관계를 가진 적이 없음을 시사하는 말이다. 다른 성경 번역에서는 처녀를 "동정녀"라고 하고, 또 다른 번역본에서는 "젊은 여자"라고 하기도 했다.

1:28-29. 가브리엘은 마리아가 잉태하여 아들을 낳을 것에 대하여 알려 주었다. "은혜를 받은 자"는 라틴어로 "아베 마리아"라고 하는데, "하나님의 특별한 축복을 받는다"는 뜻이다. 마리아는 왜 은혜를 받은 여자인가?

• 마리아는 예수님의 어머니이기 때문이다. "네가 잉태하여 아들을 낳으리니 그 이름을 예수라 하라" (31절).

• 마리아는 왕의 어머니이기 때문이다. "그가 큰 자가 되고 지극히 높으신 이의 아들이라 일컬어질 것이요 주 하나님께서 그 조상 다윗의 왕위를 그에게 주시리니 영원히 야곱의 집을 왕으로 다스리실 것이며 그 나라가 무궁하리라" (32-33절).

• 마리아는 하나님의 아들이 이 땅에 태어날 수 있도록 한 축복의 통로이기 때문이다. "성령이 네게 임하시고 지극히 높으신 이의 능력이 너를 덮으시리니 이러므로 나실 바 거룩한 이는 하나님의 아들이라 일컬어지리라" (35절).

1:33. "예수"는 헬라어 이름이고 "하나님은 구원하시는 이시다"라는 뜻이다. 예수와 같은 뜻의 히브리어 이름은 "여호수아"이다. 그러면 잉태될 아기는 어떤 사람이 될 것인가? 큰 자가 되고, 하나님의 아들이 되고, 왕(메시야)이 되어 "영원히 야곱의 집"을 다스릴 것이다. "야곱의 집"은 그리스도를 왕으로 받드는 성도들을 뜻한다.

1:34-35. 마리아는 천사에게 "나는 남자를 알지 못하니 어찌 이런 일이 있으리이까"라고 답한다. 천사는 이 일은 성령이 네게 임하시고 지극히 높으신 이의 능력으로 되는 일이고, 태어날 아이는 "하나님의 아들이라 일컬어지리라"고 답하여 준다. "지극히 높으신 이"는 신적 기원을 지닌 메시야 또는 하나님의 초월성을 강조하는 명칭이다.

"능력이 너를 덮으시리니"는 역사한다는 뜻이다.

1:36-38. 천사는 하나님께서 하시는 일이라는 사실을 마리아에게 말해 주기 위하여 친척 엘리사벳의 경우를 말하여 준다. 인간의 힘으로는 불가능한 일이 하나님의 능력으로 가능하게 된 표적으로 입증하여 주는 것이다. 그 때 마리아가 말한다. "주의 여종이오니 말씀대로 내게 이루어지이다." 하나님께서 하시는 일에 긍정적으로 응답하는 마리아의 모습이다.

1:39-45. 성령의 충만함을 받은 엘리사벳은 인류를 구원하실 예수님의 어머니 마리아를 인식하고 있다. 그래서 엘리사벳은 큰 소리로 외친다. "여자 중에 네가 복이 있으며 네 태중의 아이도 복이 있도다." "주께서 하신 말씀이 반드시 이루어지리라고 믿은 그 여자에게 복이 있도다."

1:46-56. 이 부분은 "마리아의 찬송"으로 알려져 있으며 (마그니피캇), 마리아의 찬송은 하나님의 백성을 위하여 오시는 주님을 찬미하는 것이다. 마리아의 찬송은 일상생활 속에서 역사하시는 하나님의 신실하심, 구약성경의 약속의 성취, 하나님의 구원사역과 권능을 찬미하는 것이다.

마리아의 찬송에는 두 가지 큰 주제가 있다. 하나는 하나님은 그의 백성을 위하여 싸우고 구원하여 주신다는 주제이고 (51절), 또 다른 주제는 자비로우신 하나님은 낮고 가난하고 비천한 상황에 있는 자들을 돌보아 주신다는 주제이다 (53절).

"부자는 빈 손으로 보내셨도다." 부자는 자기중심적이며 자신들의 이익과 결부된 데만 관심을 가지는 자들을 뜻한다.

━▶생활 속으로

☼ 예수님의 이름의 뜻은 무엇인가?
☼ 나의 이름의 뜻은 무엇이고, 그 뜻대로 이루어지고 있다고 생각하는가?
☼ 자녀들에게 왜 좋은 이름을 지어주려고 애쓰는가?

누가복음 2:1-7
아기 예수의 탄생

━━▶ 말씀 속으로◀━━

2:1 그 때에 가이사 아구스도가 영을 내려 천하로 다 호적하라 하였으니 2 이 호적은 구레뇨가 수리아 총독이 되었을 때에 처음 한 것이라 3 모든 사람이 호적하러 각각 고향으로 돌아가매 4 요셉도 다윗의 집 족속이므로 갈릴리 나사렛 동네에서 유대를 향하여 베들레헴이라 하는 다윗의 동네로 5 그 약혼한 마리아와 함께 호적하러 올라가니 마리아가 이미 잉태하였더라 6 거기 있을 그 때에 해산할 날이 차서 7 첫아들을 낳아 강보로 싸서 구유에 뉘었으니 이는 여관에 있을 곳이 없음이러라.

2:1. 역사적으로 아기 예수는 주전 4년 아구스도 황제 때 베들레헴에서 탄생하였다. "아구스도"는 주전 31년부터 주후 14년까지 로마 황제로 통치했다. 라틴어로 "아구스도"는 "존엄자" 혹은 "숭배할 만하다"는 뜻이고, 아구스도는 그가 로마 황제가 되었을 때, 상원 의회에서 그에게 지어준 이름이다. 황제가 되기 전의 이름은 "가이우스 옥타비우스"였다. 그는 줄리어스 시저의 조카였다.

아구스도가 정치가로서 공헌한 업적은 "로마의 평화" 정책을 세운 것이었다. 로마의 평화 정책의 하나는 고속도로를 설립한 것이었는데, 이 고속도로는 복음이 급속도로 전파되어 가는 데 많은 도움이 되었다.

"가이사"는 인명도 되고 황제를 뜻하는 호칭도 된다.

"영을 내려"는 포고령을 내린다는 뜻이다.

"호적"은 인구조사를 뜻하는 것이며, 로마 제국은 14년마다 정기적으로 인구조사를 실시하였으며, 그 목적은 세금을 거두어들이기 위한 것이었다. 호적에는 성명, 직업, 재산, 친척관계를 기록하게 되어 있었다.

2:4-7. "구레뇨"는 예수님이 탄생하기 전 시리아 지역 군사령관으로 근무하다가 후에 주후 6년에 시리아 총독이

되었고, 주후 8년에 인구조사를 하였다. 인구 등록을 할 때에 모든 남자는 다 고향 땅에 가서 등록하게 되어 있었다. 요셉도 다윗의 자손이었기 때문에 약혼한 마리아를 데리고 자기 조상이 살고 있는 고향 베들레헴으로 갔다.

그러면 역사적으로 예수님이 탄생하신 주전 4년과 인구조사가 행하여진 주후 8년의 차이를 어떻게 이해하여야 할까? 누가는 사회적인 배경과 신학적인 목적으로 역사의 인물들을 언급하고 있는 것이지 역사를 객관적으로 보고하기 위하여 복음서를 기록하고 있는 것이 아니다.

아구스도 시대는 역사적으로 평화스러운 시대였다. 그러나 예수라는 다윗의 자손은 아구스도의 평화보다 더 위대한 평화를 가져오기 위해 다윗의 동네 베들레헴에서 태어났다. 아기 예수는 가난하고, 포로 되고, 눈멀고, 눌린 가운데서 생활하고 있는 인간을 해방시킬 것이다.

2:7. "여관"(카타뤼마)이라는 헬라어 단어는 오늘날 우리가 말하는 여관이라기보다는 숙소 또는 객실에 더 가까운 단어이다. 헬라어로 여관이나 주막은 "판도케이온"이라고 한다 (눅 10:34). 2:7의 집은 일반적으로 윗층에 잠자는 방이 있었고, 아래층에는 동물을 가두어 두었던 집을 말한다. 그래서 여관이 없어서 아기를 강보에 싸서 "구유"에 뉘였다고 하는 것은 머리 둘 곳 조차도 없는 예수님의 겸손을 상징한다. 그리고 이것은 예수께서 장차 가장 비천한 사람이라도 받아주실 것을 보여주는 사건이다.

"첫아들"은 후에 마리아와 요셉을 통하여 예수님의 동생들, 야고보, 요셉, 유다, 시몬과 여동생들이 태어났기 때문에 첫아들이라 부르는 것이다.

➡ 생활 속으로

☼ 동정녀 탄생과 부활은 하나님의 능력으로 가능한 것인데, 왜 사람들은 부활은 믿고 동정녀 탄생은 믿기 어려워하는가?

누가복음 2:8-20
목자들이 예수의 탄생 소식을 듣다

➡말씀 속으로⬅

2:8 그 지역에 목자들이 밤에 밖에서 자기 양 떼를 지키더니 9 주의 사자가 곁에 서고 주의 영광이 그들을 두루 비추매 크게 무서워하는지라 10 천사가 이르되 무서워하지 말라 보라 내가 온 백성에게 미칠 큰 기쁨의 좋은 소식을 너희에게 전하노라 11 오늘 다윗의 동네에 너희를 위하여 구주가 나셨으니 곧 그리스도 주시니라 12 너희가 가서 강보에 싸여 구유에 뉘어 있는 아기를 보리니 이것이 너희에게 표적이니라 하더니 13 홀연히 수많은 천군이 그 천사들과 함께 하나님을 찬송하여 이르되 14 지극히 높은 곳에서는 하나님께 영광이요 땅에서는 하나님이 기뻐하신 사람들 중에 평화로다 하니라 15 천사들이 떠나 하늘로 올라가니 목자가 서로 말하되 이제 베들레헴으로 가서 주께서 우리에게 알리신 바 이 이루어진 일을 보자 하고 16 빨리 가서 마리아와 요셉과 구유에 누인 아기를 찾아서 17 보고 천사가 자기들에게 이 아기에 대하여 말한 것을 전하니 18 듣는 자가 다 목자들이 그들에게 말한 것들을 놀랍게 여기되 19 마리아는 이 모든 말을 마음에 새기어 생각하니라 20 목자들은 자기들에게 이르던 바와 같이 듣고 본 그 모든 것으로 인하여 하나님께 영광을 돌리고 찬송하며 돌아가니라.

2:8. 아기 예수가 태어날 당시 "목자들"은 가장 천한 직종 가운데 하나이었고, 부정한 사람들로 소외당하여 법정에서 증언조차도 할 수 없었다. 그러나 이 목자들은 천사의 지시를 받고 베들레헴으로 빨리 가서 처음으로 아기 예수를 만났다. 사회의 저변에 살고 있는 목자들을 하나님께서 부르시는 것은 가난하고 천한 사람들에게 예수님을 보내주신다는 것을 뜻하는 것이다. 그뿐만 아니라, 선한 목자 되시는 예수님은 그의 백성을 돌보시는 분으로 묘사된다.

"영광"이라는 단어가 신구약을 통하여 다양하게 사용되는데, 구약에서 영광은 주로 거룩하신 하나님의 임재를 나타내는 표현이다. 그래서 하나님의 임재를 찬란한 빛으로 표현할 때가 많이 있다. 신약에서 사도 바울은 그의 서신들에서 하나님과 그리스도와의 관계를 표현할 때 영광을 사용하였다. "아버지의 영광으로 말미암아 그리스도를 죽은 자 가운데서 살리"셨다 (롬 6:4). "영광 가운데서 올려지셨느니라" (딤전 3:16). 그러나 우리가 "하나님께 영광을 돌린다"고 일반적으로 말할 때는 삶의 비중을 하나님께 두고 생활한다는 뜻이다.

2:10. "큰 기쁨의 좋은 소식"은 복음이다. 죄와 죽음과 불행으로부터의 구원이기 때문에 기쁨의 좋은 소식이다.

2:11. "오늘 다윗의 동네에 너희를 위하여 구주가 나셨으니 곧 그리스도 주시니라." 예수님은 오늘, 우리 동네에, 우리를 위하여, (1) "구주"(구원자)로서, (2) "그리스도"(메시야, 해방자)로서, (3) "주"(섭리자 혹은 인도자)로서 탄생하시는 것이다.

2:13. "구유"는 동물의 먹이를 담는 그릇이지만, 머리 둘 곳 조차도 없는 예수님의 겸손과 고난을 상징하고, 하나님과 인간이 만나는 곳을 상징적으로 말해 주는 것이다.

2:14. "지극히 높은 곳"은 하나님이 계신 곳이다. 하나님의 영원하신 신성이 아기 예수의 탄생으로 인하여 나타나기 때문에 영광이요, 인간으로 오신 예수님의 중재로 인하여 하나님과 인간 사이에 막혔던 담이 무너지고 화해가 이루어지기 때문에 땅에서는 평화이다.

2:15-20. 목자들은 천사들이 전하여 준 말 그대로를 베들레헴에 가서 마리아와 요셉과 아기 예수를 보게 된다. 천한 목자들은 처음으로 복음을 들은 자들이요, 처음으로 복음을 확인한 자들이요, 처음으로 복음을 전한 자들이다. 그들은 하나님께 영광을 돌린 자들이다.

➡️ **생활 속으로**

☼ 예수님의 탄생 이야기를 통하여 어떻게 하면 우리를 구원하기 위해 찾아오시는 그를 진정으로 환영할 수 있을까?

누가복음 2:21-40
정결예식

━━▶ 말씀 속으로 ◀━━

2:21. 아기 예수는 모세의 법대로 태어난 지 팔 일만에 할례를 받았다. 할례는 하나님의 자녀로서의 한 개인의 정체성을 밝혀 주는 것이다. "할례"는 남자 성기의 포피의 둘레를 자르는 것인데, 하나님께 순종하는 표이고, 이방인과 구별되는 표이고, 언약을 기억하는 표이고, 언약 공동체의 일원이 되었다는 표이다 (창 17:11-12).

2:22-24. "정결예식"은 산모가 받는 것이다. 레위기에 따르면 산모가 남자 아이를 낳을 경우 40일 동안 부정하고, 여자 아이를 낳을 경우에는 80일 동안 부정하다 (레 12:2-8). 이 기간 동안에 산모는 성전에 들어갈 수 없다. 성전에 들어가려면 레위기가 규정한 대로 정결예식을 거쳐야 한다. 가난한 사람들은 "산비둘기"와 "집비둘기"로 제사를 드렸다. 한 쌍 중 하나는 번제를 위하여, 다른 하나는 속죄제를 위하여 드려졌다 (레 12:6-8).

2:25-26. 마리아와 요셉은 첫아들을 하나님께 드리는 봉헌식을 가졌는데 거기서 시므온과 안나를 만났다. 이들은 율법을 철저하게 실천하며 이스라엘의 위로(이스라엘의 완전한 회복)를 기다리고 있던 사람들이었다. 시므온은 그리스도를 보기 전에는 죽지 아니하리라는 성령의 지시를 받은 사람이다. 시므온은 그리스도를 기다리는 사람들의 삶의 표본이 되는 사람이다.

"그리스도"는 헬라어이고 "메시야"는 히브리어인데, 둘 다 "기름부음을 받은 자"라는 뜻이다. 그리스도는 평화와 공의를 가져오시는 분이시다. 자비롭고 거룩하신 하나님의 아들이시다. 죄로부터 인간을 구원하시는 분이시다.

2:28-33. 이 부분은 "시므온의 찬송"이라 불린다. 시므온의 찬송은 하나님께서 약속해 주신 "구원"을 신실하게

지켜 주신 것과, 메시야가 올 수 있도록 "만민 앞에" 길을 열어 주심과, "이방을 비추는 빛"으로 오시는 아기 예수를 하나님께 찬양하는 내용이다. 시므온은 이제 만민을 구원하러 온 아기 예수를 보았기에 성전을 평안한 마음으로 떠나게 되었다고 하나님께 감사한다.

2:33-35. "많은 사람을 패하거나 흥하게 하며." 어떤 사람은 예수님을 믿어 구원에 이르게 되고, 어떤 사람은 그를 믿지 아니하여 멸망에 이르게 되는 것을 뜻한다.

"비방을 받는 표적이 되기 위하여 세움을 받았고." 예수께서 유대인 지도자들로부터 미움을 받고 십자가 위에 당하실 고난을 말하는 것이다.

"칼이 네 마음을 찌르듯 하리니." 아들 예수가 십자가에서 죽는 것을 바라보는 어머니 마리아의 가슴이 찢어질 듯 아픈 것을 묘사하는 것이다.

2:36-38. 누가복음에서는 남자와 여자 주인공들의 이야기를 잘 섞어서 소개한다. 시므온의 이야기 다음에 안나 이야기를 하는 것도 그러한 예 가운데 하나이다. 안나는 아셀 지파 바누엘의 딸로 출가한 지 7년 만에 남편을 잃고 과부가 되었다. 그후 84세가 되도록 하나님의 전에서 기도하며 하나님을 찬송하였다.

예수님의 탄생을 본 사람은 하나님의 구원을 보았다고 할 수 있고, 예수님의 탄생을 들은 사람은 하나님의 구원의 메시지를 들은 사람이라 할 수 있다.

2:39-40. "나사렛"은 예루살렘에서 60마일쯤 북쪽에 위치해 있으며 예수님은 이 곳에서 목수 일을 하며 30년을 사셨다.

▶ 생활 속으로
☼ 우리교회에서 시므온과 안나와 같은 분들은 누구일까?
☼ 나는 무엇을 하나님께 제일 많이 감사하는가?

누가복음 3:1-20
세례 요한의 사역

➡ 말씀 속으로 ⬅

3:1-2. 세례 요한은 디베료가 황제이고, 빌라도가 총독이고, 헤롯 분봉왕들이 통치하던 때에 사역을 하였다. "디베료 황제가 통치한 지 열다섯 해"는 주후 28-29년이다. 디베료 황제는 아구스도 황제의 사위였다. "본디오 빌라도"의 "본디오"는 터키 지명 이름이고, "빌라도"는 주후 26년부터 36년까지 총독(로마를 대변하는 지방 장관)으로 유대 지역을 통치했다. 그는 폭동을 일으킨 사마리아인들을 학살하는 관계로 총독 자리에서 물러나게 되었다.

"분봉"은 4분의 1이라는 뜻이다. 헤롯 대왕이 죽은 후에 세 아들에게 분봉 왕권을 주었다. 헤롯 가문은 주후 100년까지 통치하였다. 사도행전에 나오는 아그립바 1세와 아그립바 2세는 헤롯 대왕의 손주들이다.

"안나스"는 대제사장이었다 (주후 6-15년). "가야바" 대제사장은 안나스의 사위였고, 세례 요한 당시 산헤드린의 책임자였다 (주후 18-36년). 가야바는 빌라도가 총독 자리를 내놓을 때까지 대제사장직을 맡은 사람이다.

3:2. 여기서 "하나님의 말씀"은 로고스가 아니라 "레마"이다. 레마는 실제로 생생하게 말하여진 말씀을 뜻한다.

3:3-14. 이러한 정치, 사회, 종교 분위기 가운데 "하나님의 말씀이 빈 들에서…요한에게" 임하신다. 요한에게 하나님의 말씀이 임한 곳은 성전이 아니라 "빈 들"(황무지 혹은 광야)이다.

3:3. 메시야가 오심을 증거하고 그 길을 예비하는 사명을 띤 요한이 외치는 메시지는 죄 사함을 받게 하는 "회개의 세례"이다. 회개는 나 중심의 삶에서 하나님 중심의 삶으로 방향을 바꾸는 행동이다. 회개하는 사람은 하나님께 복종하고, 충성하고, 하나님의 백성이 된 사람이다. 그러므

로 세례받은 사람은 회개에 합당한 생활을 하여야 한다. 회개에 합당한 생활은 가진 자가 못 가진 자에게, 두 벌 있는 자는 없는 자에게, 먹을 것이 있는 자는 먹을 것이 없는 자에게 나누어 주는 것이다. 부과된 것 외에는 거두지 아니하는 것이다. 강탈하지 아니하며, 거짓으로 고발하지 아니하는 것이 회개에 합당한 생활이다 (11-13절).

3:15-17. 요한은 자신은 메시야가 아니라, 메시야의 길을 예비하는 사람에 불과하다고 말한다. 자신은 오시는 이의 신발끈을 풀기도 감당하지 못하고 오시는 "그는 성령과 불로 너희에게 세례를 베푸실 것"이라고 말한다. 성령과 불은 힘을 강조하여 말하는 것이다. 그러므로 성령과 불의 세례는 예수께서 각 개인에게 하나님의 능력과 하나님의 임재를 체험할 수 있도록 주시는 선물을 뜻한다.

3:18-20. 요한은 백성을 위로하면서 그들에게 기쁜 소식을 전하였을 뿐만 아니라 분봉 왕 헤롯을 책망하였는데, 헤롯은 그의 배다른 동생 빌립의 아내를 자기 아내로 삼았기 때문이다. 이러한 책망으로 인하여 요한은 헤롯에게 죽임을 당하게 된다.

누가복음 3:21-22
예수께서 세례를 받으시다

━▶ 말씀 속으로 ◀━

예수님은 하나님의 목적과 명령을 완수하고 죄인들과 함께하려고 세례를 받으셨다. 예수님은 세례를 통하여 그의 사역의 정체성과 후에 그를 따르는 사람들이 행해야 할 본을 보여주셨다.

예수께서 세례를 받으시는 동안 계시가 나타난다. (1) 하늘이 열린다. 하늘이 열리는 것은 새 출애굽을 의미하기도 하는데 (사 64:1-4), 새 출애굽은 새 시대의 시작을 상징한다.

(2) 성령이 예수님 위에 강림하신다. 하나님의 일을 하기 위함이다. (3) 너는 내 사랑하는 아들이라 내가 너를 기뻐하노라. 하나님의 아들로서의 신분이 확인된다.

세례는 무엇인가? 세례는 하나님의 은총으로 우리를 자녀로 삼으신다고 선포하는 내용이며, 우리가 믿음과 사랑으로 살겠다고 하나님께 응답하는 우리의 약속이다. 세례는 우리가 믿음의 공동체로 들어가는 것을 의미하여, 참회와 죄 사함을 상징하는 것이다. 세례는 예수 그리스도 안에서의 중생의 표시이며, 그리스도의 제자직의 표시이다.

누가복음 3:23-38
예수의 계보

▶ 말씀 속으로 ◀

3:23-38. 족보(혹은 계보)는 조상과 관련하여 자신들의 사회적인 위치를 설정해 주는 역할을 한다. 예수님의 족보는 예수님이 하나님의 아들이라는 사실을 입증하여 주고, 영적으로 족보가 있는 집안이라는 사실을 입증하여 준다.

누가복음과 마태복음은 족보의 순서를 다르게 소개한다. 마태복음은 아담으로부터 예수님까지 내려오는데, 하나님께서 아브라함에게 약속하신 것을 예수님이 성취한다는 사실을 강조하기 위함이다. 그런가 하면 누가복음은 마태와는 다르게 예수님으로부터 시작하여 아담에까지 거슬러 올라간다. 누가가 기록하는 족보는, 첫째로, 정확한 역사적인 정보를 제공하기 위한 것이라기보다 예수님으로부터 아담까지 하나님의 계속적인 구원역사를 보여주는 것이다. 둘째로, 역사는 우연한 것이 아니라 하나님의 계획에 따라 움직이고 있다는 사실을 입증해 주려는 것이 목적이다. 셋째로, 하나님의 아들로서의 예수님은 모든 사람의 구세주이심을 강조하는 것이다.

누가복음 4:1-13
예수께서 시험을 받으시다

➡️말씀 속으로⬅️

4:1 예수께서 성령의 충만함을 입어 요단 강에서 돌아오사 광야에서 사십 일 동안 성령에게 이끌리시며 2 마귀에게 시험을 받으시더라 이 모든 날에 아무 것도 잡수시지 아니하시니 날 수가 다하매 주리신지라 3 마귀가 이르되 네가 만일 하나님의 아들이어든 이 돌들에게 명하여 떡이 되게 하라 4 예수께서 대답하시되 기록된 바 사람이 떡으로만 살 것이 아니라 하였느니라 5 마귀가 또 예수를 이끌고 올라가서 순식간에 천하 만국을 보이며 6 이르되 이 모든 권위와 그 영광을 내가 네게 주리라 이것은 내게 넘겨 준 것이므로 내가 원하는 자에게 주노라 7 그러므로 네가 만일 내게 절하면 다 네 것이 되리라 8 예수께서 대답하여 이르시되 기록된 바 주 너의 하나님께 경배하고 다만 그를 섬기라 하였느니라 9 또 이끌고 예루살렘으로 가서 성전 꼭대기에 세우고 이르되 네가 만일 하나님의 아들이어든 여기서 뛰어내리라 10 기록되었으되 하나님이 너를 위하여 그 사자들을 명하사 너를 지키게 하시리라 하였고 11 또한 그들이 손으로 너를 받들어 네 발이 돌에 부딪치지 않게 하시리라 하였느니라 12 예수께서 대답하여 이르시되 주 너의 하나님을 시험하지 말라 하였느니라 13 마귀가 모든 시험을 다 한 후에 얼마 동안 떠나니라.

지금까지 누가는 하나님의 아들로서 이 세상에 오신 예수님의 신분에 대하여 증거했는데, 궁극적으로 예수님의 사명은 예수님 자신이 감당해야 하는 것이기에 예수님은 하나님이 원하시는 사역에 자신 스스로를 헌신하기 위하여 금식에 참여하고 계시다. 모세와 엘리야도 금식하면서 40일간 기도하였다 (출 34:28; 왕상 19:4-8).

예수님이 받으시는 시험들은 그의 사역의 본질과 헌신과 능력을 보여주는 것들이다. 마귀는 예수님이 하나님의 아들이라는 사실 자체를 시험해 보는 것이고, 하나님의 구원 계획을 방해하려는 시도이고, 하나님의 아들의 신분을 어떻게 사용할 것인지를 시험해 보는 것이다.

4:1-2. 누가복음과 사도행전에서는 성령의 역사를 어느 신약성경의 책보다 많이 강조한다. 누가는 예수님의 사역의 배후는 성령의 역사로 된 것임을 강조한다. 그뿐 아니라 예수님은 광야에서 성령에 이끌리어 40일 동안 마귀에게 시험을 받으신다. "마귀"는 예수님의 정체와 사역을 부인하는 대적자이다.

4:3. 첫 번째 시험은 예수님이 돌을 가지고 인간이 가장 필요로 하는 생활 필수품인 떡을 만들라는 것이다. 마귀의 관심은 예수님이 인간이 가장 필요로 하는 것들을 하나님이 채워 주실 것이라고 믿고 있는가를 시험해 보는 것이다. 만약에 예수님이 돌로 떡을 만드신다면, 그는 하나님의 능력과 보호하심을 믿지 않는 격이 되는 것이다. 즉, 첫 번째 시험은 하나님과 예수님의 관계를 와해시키려는 것이 목적이다.

그래서 예수님은 말씀하신다. "기록된 바 사람이 떡으로만 살 것이 아니라 하였느니라" (신 8:3). 예수께서 말씀하시는 것은 예수님은 하나님을 의지하는 분이시며, 하나님의 말씀에 철두철미 순종하는 분이심을 보여준다. 그러므로 예수님의 사역은 하나님이 결정하시는 것이지 마귀가 결정하는 것이 아니다.

4:5-8. 두 번째 시험은 마귀가 예수님에게 천하 만국을 보여주며 네가 만일 내게 절하면, 이 모든 권위와 그 영광을 내가 네게 주리라는 것이다. 다시 말해, 마귀는 예수님에게 하나님께서 정하여 놓으신 구원의 길을 자신의 것과 타협하지 않겠느냐고 제안하는 것이다. 예수님이 그의 갈 길을 그대로 가면 결국에는 십자가의 길이 아닌가! 나에게 절하면 예수님이 처참하게 죽지 아니해도 된다는 것이다.

예수님은 인간을 현혹시킬 수 있는 임시적인 주권을 택하실 것인가? 아니면 하나님이 주시는 영원한 주권을 택하실 것인가? 예수께서 마귀의 제안을 거부하신 것은 마귀의 주권에는 한계가 있다는 것을 의미하는 것이다.

예수께서는 "기록된 바 주 너의 하나님께 경배하고 다만 그를 섬기라 하였느니라"(신 6:13)고 말씀하신다. 즉, 마귀가 시험해 본 것은 예수님이 하나님의 주권을 믿는가를 시험해 보는 것이다. 예배를 통한 영광은 하나님만이 받으시는 것이다. 영광은 마귀가 좌우하는 것이 아니다.

4:9-12. 세 번째로 마귀가 시험하는 것은 예수님을 예루살렘 성전 꼭대기에 세우고 네가 만일 하나님의 아들이어든 여기서 뛰어내리라고 하는 것이다. 하나님이 예수님을 위하여 그 사자들을 명하사 예수님을 지키게 하시리라는 것이다. 그리고 그들이 손으로 너를 받들어 네 발이 돌에 부딪치지 않게 하시리라고 말한다. 그러나 예수님은 "주 너의 하나님을 시험하지 말라"고 말씀하신다.

마귀는 성경을 인용하면서 예수님이 정말로 말씀대로 이루어지는지 아니하는지를 시험해 보는 것이다. 그러나 하나님의 아들로서의 예수님은 하나님의 방법을 알고 계시며, 성경을 하나님의 뜻에 입각하여 해석하신다. 우리 모두는 인간의 필요한 것에만 신경을 쓸 것이 아니라 하나님만을 예배하고 하나님만을 섬기는 일에 신경을 써야 한다. 예수님은 말씀하신다. "주 너의 하나님을 시험하지 말라 하였느니라" (신 6:16).

하나님께 헌신하는 길은 인간의 어려움을 제거하여 주는 지름길이 아니다. 오히려 하나님께 전적으로 헌신하는 사람들이 마귀의 저항을 더 받게 되어 있다. 시험을 당할 때마다 성경 말씀을 내 편의상 해석하면 안 된다. 하나님 편에서 성경 말씀을 해석해야 하고 적용해야 한다.

━▶ **생활 속으로**

☼ 하나님의 아들이신 예수님도 시험을 받으셨다. 내가 신앙생활을 잘 하려고 할 때에 가장 강하게 나를 도전하는 시험들은 무엇이고, 그 시험들을 어떻게 이겨내는가?

누가복음 4:14—9:50
예수께서 갈릴리 지역에서 사역하시다

▶ 주요 메시지

누가는 1장부터 4장 초반부까지 천사 가브리엘과 다양한 사람을 통해서 예수님이 누구이시고, 무엇을 하실 분인가에 대하여 소개하여 주었다.

4:14부터 9:50까지는 예수께서 공생애를 시작하는 내용과 갈릴리 지역을 중심으로 하여 사역하시는 내용이 기록되어 있다. 예수님은 성령의 능력으로 그의 사명을 이행하신다. 누가는 예수님이 하나님의 아들로서, 인간을 구원하시는 구세주로서, 인간을 해방시켜 주시는 그리스도(메시야)로서, 죄인들과 소외된 자들과 약자들의 친구가 되어 그들을 하나님의 자녀로 삼아 주시는 사역을 소개하여 준다. 예수님은 가난하고 소외된 사람들에게 하나님의 사랑을 증거하실 것이다. 예수님은 한 지역에서만 사역하지 아니하시고 폭넓게 널리 그의 복음을 전파하실 것이다.

예수님의 사역에 대하여 어떤 사람들은 긍정적으로 응답하고, 어떤 사람들은 부정적으로 응답할 것이다. 그러나 제일 중요한 것은 누가복음을 읽는 독자들이 예수께 어떻게 반응할 것인가이다. 긍정적인 반응일까? 부정적인 반응일까?

누가복음 4:14-30
예수께서 첫 설교를 하시다

▶ 말씀 속으로 ◀

4:14 예수께서 성령의 능력으로 갈릴리에 돌아가시니 그 소문이 사방에 퍼졌고 15 친히 그 여러 회당에서 가르치시매 뭇

사람에게 칭송을 받으시더라 16 예수께서 그 자라나신 곳 나사렛에 이르사 안식일에 늘 하시던 대로 회당에 들어가사 성경을 읽으려고 서시매 17 선지자 이사야의 글을 드리거늘 책을 펴서 이렇게 기록된 데를 찾으시니 곧 18 주의 성령이 내게 임하셨으니 이는 가난한 자에게 복음을 전하게 하시려고 내게 기름을 부으시고 나를 보내사 포로 된 자에게 자유를, 눈 먼 자에게 다시 보게 함을 전파하며 눌린 자를 자유롭게 하고 19 주의 은혜의 해를 전파하게 하려 하심이라 하였더라 20 책을 덮어 그 맡은 자에게 주시고 앉으시니 회당에 있는 자들이 다 주목하여 보더라 21 이에 예수께서 그들에게 말씀하시되 이 글이 오늘 너희 귀에 응하였느니라 하시니 22 그들이 다 그를 증언하고 그 입으로 나오는 바 은혜로운 말을 놀랍게 여겨 이르되 이 사람이 요셉의 아들이 아니냐 23 예수께서 그들에게 이르시되 너희가 반드시 의사야 너 자신을 고치라 하는 속담을 인용하여 내게 말하기를 우리가 들은 바 가버나움에서 행한 일을 네 고향 여기서도 행하라 하리라 24 또 이르시되 내가 진실로 너희에게 이르노니 선지자가 고향에서는 환영을 받는 자가 없느니라 25 내가 참으로 너희에게 이르노니 엘리야 시대에 하늘이 삼 년 육 개월간 닫히어 온 땅에 큰 흉년이 들었을 때에 이스라엘에 많은 과부가 있었으되 26 엘리야가 그 중 한 사람에게도 보내심을 받지 않고 오직 시돈 땅에 있는 사렙다의 한 과부에게 뿐이었으며 27 또 선지자 엘리사 때에 이스라엘에 많은 나병환자가 있었으되 그 중의 한 사람도 깨끗함을 얻지 못하고 오직 수리아 사람 나아만뿐이었느니라 28 회당에 있는 자들이 이것을 듣고 다 크게 화가 나서 29 일어나 동네 밖으로 쫓아내어 그 동네가 건설된 산 낭떠러지까지 끌고 가서 밀쳐 떨어뜨리고자 하되 30 예수께서 그들 가운데로 지나서 가시니라.

4:14-15. 이 두 절은 예수님이 앞으로 갈릴리에서 하시게 될 사역의 배경을 말하여 준다. 예수님은 광야에서 40일 동안 금식기도 하시는 동안의 시험을 끝내고 갈릴리에서 처음으로 가르치시고 설교하시는 것으로 그의 사역을 시작하신다. 그리고 앞으로 예수님은 치유도 많이 하시게 될 것이다. 갈릴리 지역에서 예수님은 일 년 반 동안 사역을 하시게 될 것이다. 예수께서 회당에서 가르치실 때 그의 가르침에 대한 소문이 널리 퍼져나가고, 뭇 사람에게 칭송을 받으신다.

4:16-30. 마태복음과 마가복음에서는 세례 요한이 헤롯에게 체포를 당하였다는 소식을 들은 후, 예수께서 그의 첫 설교로 "회개하라 천국이 가까이 왔느니라"고 전파하며 그의 공생애를 시작하신다 (마 4:17; 막 1:15).

그러나 누가복음에서는 세례 요한이 체포당하기 전에 예수님이 이사야서 61:1-2의 본문 내용을 가지고 첫 설교를 하신다. 예수님의 첫 설교는 그의 사역의 취지와 목적과 우선순위를 소개해 준다. 예수님은 그의 사역 초창기부터 하나님의 말씀을 가르치신다.

예수님 당시 유대교에는 최소한 일 년에 세 번씩 제사를 드리는 예루살렘 성전 예배가 있었고, 매주 유대인들이 기도하고, 성경을 읽고 공부하는 회당집회가 있었다. 회당은 열 명의 남자만 있으면 시작할 수 있었다. 예수님은 "규례대로" 그의 고향 마을에 있는 회당에 들어가셨다. "규례대로"는 습관을 쫓아와 같은 말이다. 유대인은 다섯 살이 되면 회당에 들어갈 수 있었고, 열세 살이 되면 회당에 출석해야 하는 것이 규례로 되어 있었다. 이것은 예수님이 정기적으로 안식일이 되면 회당에 가셨다는 말이다.

4:18-19. 예수님은 이사야서 61:1-2 본문으로 그의 첫 설교를 하시는데, 이 설교는 예수님은 누구이시고 (선지자와 메시야), 예수님의 사역의 내용은 무엇이고, 예수님의 사역에 대한 무리의 반응들을 보여주는 내용이다.

예수님은 성령을 받고, 복음을 선포하고, 메시야의 사명을 다하시는 분이시고, 가난하고, 억압받고, 감옥에 갇힌 자에게 희망을 주려고 오신 분이시다. 그는 "비천한 자를 높이셨고 주리는 자를 좋은 것으로 배불리셨"다 (1:52-53). 그는 "가난한 자에게 복음"을 전파하셨다 (7:22). "포로 된 자에게 자유"(죄와 사망의 그늘에서 해방)를 주셨다. 절름발이를 고쳐 주셨고, 눈먼 자를 고쳐 주셨고, 눌린 자들에게 영혼의 평안과 자유를 주셨다.

4:19. "은혜의 해"는 레위기 25:8-55의 희년을 뜻한다. "희년"은 하나님께서 50년마다 빚진 자들의 빚을 탕감해 주고, 노예들을 해방시키고, 땅의 경작을 쉬게 하고, 모든 사람이 자기 고향으로 돌아가게 정하신 해방의 해를 뜻한다.

이사야서 61장은 바로 레위기 25장에서 언급된 희년 사상에 입각한 이미지이다. 예수님 당시 이사야서 61장은 하나님께서 로마의 식민으로 살고 있던 이스라엘 백성에게 주는 희망의 메시지로 읽혀지고 있었다. 즉, 누가복음에 따르면 예수님의 사역은 사람들의 삶에 희망의 메시지를 선포하는 것이다.

4:22-30. 이 부분은 예수께서 말씀을 전파하시는 것에 대하여 예수님의 고향 나사렛 사람들이 부정적인 반응을 보이는 내용이다. 동네 사람들은 화가 나서 예수님을 동네 밖으로 쫓아내어 그 동네가 건설된 산 낭떠러지까지 끌고 가서 밀쳐 떨어뜨리고자 한다 (29절). 그래서 예수님은 그들 가운데로 지나서 떠나가셨다 (30절). 예수님은 반항하는 사람들을 피해 가시는 것이 아니라, 그들 가운데로 지나서 가신다. "가운데로 지나서 가시다"라는 표현은 앞으로 예수님이 예루살렘으로 향하여 가실 때에도 사용된다. 후에 반항하는 사람들은 예수님을 십자가에 못 박아 죽게 하지만, 예수님은 십자가를 피해 가시지 아니하고 십자가에서 돌아가시고, 부활하시고, 승천하신다.

━▶생활 속으로

☼ 지금까지 들은 설교 가운데 나의 신앙생활을 굳건하게 세워 주는 설교가 있으면 서로 나누어 보자.
☼ 우리교회는 가난한 자에게 복음을 전하고, 포로 된 자에게 자유를, 눈먼 자에게 다시 보게 함을, 눌린 자를 자유롭게 하는 교회인가? 이것들을 어떻게 실천하고 있는가?
☼ 나는 설교를 들은 후, 어떻게 반응하고 있는가?

누가복음 5:1-11
예수께서 제자들을 부르시다

➙ 말씀 속으로 ⬅

마태복음과 마가복음에서는 예수께서 사역을 처음 시작하면서 고기 잡는 어부들을 제자로 부르신다. 요한복음에서는 베드로가 고기를 잡는 이야기가 예수님이 부활하신 후에 제자들에게 나타나시는 이야기와 연결되어 소개된다. 즉, 예수께서 베드로에게 네가 나를 사랑하느냐고 세 번 물으시는 내용과 연결되어 있다. 요한복음은 이 이야기를 통하여 제자의 도를 말하여 주고 있다.

그러나 누가복음에서는 4장 마지막까지 예수님 혼자서 사역을 하시다가 그의 사역이 잘 알려진 후에 제자들을 부르기 시작하신다.

5:1-11. 예수께서 제일 먼저 제자로 부르는 사람은 갈릴리에서 고기를 잡던 어부 시몬 베드로이다. 시몬 베드로는 배가 두 척이 있었고, 동무들이 있었던 것으로 보아 안정된 어부생활을 하고 있었던 것 같다. 베드로는 밤새 수고하였지만 고기를 잡지 못하다가 예수께서 깊은 데로 가서 그물을 내려 고기를 잡으라는 말을 듣고 그물을 내렸을 때, 그물이 찢어지도록 많은 고기를 잡는다. 베드로는 예수님의 정체를 알아 보고 그의 무릎 아래 엎드려 고백한다. "나를 떠나소서 저는 죄인이로소이다." 베드로가 보인 반응은 제자의 표준이 되는 고백 내용이다. 베드로는 자신의 어업을 뒤로 하고 예수님을 따르기로 결단한다 (11절).

"게네사렛 호수"는 갈릴리 호수이다 (마 4:18; 막 1:16). 게네사렛 호수는 "긴네렛 바다" (수 13:27), "디베랴 바다"(요 21:1)로 불리기도 한다. 이 호수는 예수께서 제자들을 부르신 곳이며, 이 호수 근처에서 오병이어의 기적을 행하신 곳이기도 하다.

누가복음 5:27-32
레위가 예수님을 따르다

━▶ 말씀 속으로 ◀━

5:27. "레위라 하는 세리"는 로마 정부를 위하여 세금을 거두어들이던 사람이다. 마태복음은 이 사람을 "마태"라고 부른다. 로마 제국에는 여러 종류의 세금이 있었다: 인두세, 소득세, 토지세, 도로 사용 관세 등이 있었다. 세금을 징수하는 임무는 한 지역에 사는 부자에게 책임을 지웠고, 대부분은 그 지역 태생이 아니었다. 그리고 세금을 징수하는 사람에게는 정해진 세금보다 조금 더 징수할 수 있도록 제도적으로 허락했었다. 그래서 세리들은 유대인과 이방인 모두에게 미움의 대상이요, 쓰레기와 같은 인간 취급을 받던 사람들이요, 죄인 취급을 받은 사람들이요, 멸시를 받던 사람들이었다. 그러한 의미에서 세리는 영적으로 파탄되어 있는 인물의 상징이기도 했다.

5:28-29. 이렇게 사람들로부터 미움을 받고 있던 세리를 예수께서 "나를 따르라"고 불러 주신다. 예수님으로부터 인간 대접을 받은 세리는 그의 직업과 그의 부를 다 버리고 일어나 예수님을 따르기로 결심한다. 그리고 예수님을 위하여 자기 집에서 큰 잔치를 베푼다.

5:30. 예수님이 이러한 사람들과 한 자리에 식사를 함께 한다는 것이 바리새인들에게는 이슈가 되었다. 바리새인들의 전통에 따르면, 유대인이 죄인과 함께 식사를 하면 부정하게 되고 죄를 짓는 것이라고 믿던 사람들이었기에 예수님과 같은 행위는 받아들일 수 없었던 것이다.

5:31-32. 그러나 예수님은 그의 사명을 천명하신다. "건강한 자에게는 의사가 쓸 데 없고 병든 자에게라야 쓸 데 있나니." 예수님이 이 땅에 오신 목적은 죄인을 불러 회개시켜 구원하여 주는 것이다. 구원은 의인을 위한 것이 아니라 죄인을 위한 것이다.

누가복음 5:33-39
금식

➡ 말씀 속으로ᐊ

5:33 그들이 예수께 말하되 요한의 제자는 자주 금식하며 기도하고 바리새인의 제자들도 또한 그리하되 당신의 제자들은 먹고 마시나이다 34 예수께서 그들에게 이르시되 혼인 집 손님들이 신랑과 함께 있을 때에 너희가 그 손님으로 금식하게 할 수 있느냐 35 그러나 그 날에 이르러 그들이 신랑을 빼앗기리니 그 날에는 금식할 것이니라 36 또 비유하여 이르시되 새 옷에서 한 조각을 찢어 낡은 옷에 붙이는 자가 없나니 만일 그렇게 하면 새 옷을 찢을 뿐이요 또 새 옷에서 찢은 조각이 낡은 것에 어울리지 아니하리라 37 새 포도주를 낡은 가죽 부대에 넣는 자가 없나니 만일 그렇게 하면 새 포도주가 부대를 터뜨려 포도주가 쏟아지고 부대도 못쓰게 되리라 38 새 포도주는 새 부대에 넣어야 할 것이니라 39 묵은 포도주를 마시고 새 것을 원하는 자가 없나니 이는 묵은 것이 좋다 함이니라.

유대인들 가운데 경건생활을 하는 사람들이라면 누구나 기도와 구제와 금식은 기본적으로 실천하는 것들이었다. 그들은 월요일과 목요일에 정규적으로 금식하였다 (18:12). 왜 금식에 대한 질문이 이 시점에서 언급되는 것일까? 누가복음이 강조하는 것은 금식을 한다는 것은 전통을 유지하기 위하여 하는 것이 아니다. 다시 말해, 금식을 하는 것은 하나님께 전적으로 순종하고 희생하는 것에 더 큰 비중이 있는 것이지, 음식을 먹지 않는 그 자체에 비중이 있는 것이 아님을 강조하는 것이다.

5:33-34. 요한의 제자들과 바리새인의 제자들은 금식을 하는데 왜 예수님의 제자들은 유대 전통을 무시하고 먹고 마시고만 있는가? 그들의 질문에 대한 예수님의 대답은 "혼인 집 손님들이 신랑과 함께 있을 때에 너희가 그 손님으로 금식하게 할 수 있느냐" 하는 것이다. 혼인 집에서 웃음 소리가 들려 나와야지 울음 소리가 들려 나와서야 되겠는가! 예수님은 유대교 전통을 유지하기 위하여 오신 분이 아니시다.

5:35. 그러나 신랑을 빼앗기는 날이 올 것이다. 그 때는 금식을 하게 될 것이다. 머지 않아 예수님의 제자들에게는 그들의 스승인 예수님이 십자가에서 돌아가시고, 부활하시고, 승천하시는 날이 올 것이다. 그 때 제자들은 금식하게 될 것이다. 사도행전 13:2-3에 따르면, 제자들은 예수님이 떠나신 후, 금식하고 기도하였다.

우리는 왜 금식을 하는가?
- 금식은 영적으로 집중할 수 있는 좋은 기회이다.
- 금식기도는 하나님을 만나기 원하고 하나님의 정의를 바라며 하는 기도이다.
- 금식은 하나님께 결단할 수 있는 좋은 기회이다.
- 금식은 애통한다는 증거이며, 회개의 증거이다.
- 금식은 죄의 용서를 위한 것이다.
- 금식은 하나님의 축복을 위하여 하는 기도이다.
- 금식은 일종의 예배이다.
- 금식은 헌신이며 행동으로 보여주는 기도이다.
- 금식은 자기 훈련이다.
- 금식은 하나님께 초점을 맞추기 위한 영성훈련 가운데 하나이다.

5:36-39. 예수님을 따르기로 결단한 사람들은 유대 전통에다 예수님의 가르침을 접목시키는 것이 아니다. 그들은 새 옷을 입은 사람들이다. 새 옷을 입은 사람은 예수님이 가르쳐 주신 가치관으로 새로운 삶을 살아야 한다. 새 포도주는 새 부대에 담아야 한다.

━▶생활 속으로

☼ 나는 금식을 하여 보았는가? 어떠한 목적으로 금식을 하게 되었는가?

☼ 우리교회는 얼마나 자주 금식기도를 하는가?

☼ 새로운 삶을 체험해 보았는가? 어떠한 삶이었는가?

누가복음 6:1-5
안식일에 밀 이삭을 자르다

▶ 말씀 속으로 ◀

예수님의 사역 초기에는 몇몇 종교 지도자들만이 예수께 부정적인 반응을 보였고, 일반적으로 무리는 비교적 긍정적으로 반응했다. 그러나 6장 이후부터는 지도자들과 무리의 부정적인 반응들이 노골적으로 표면화된다.

예수님과 바리새인들 사이에 생기는 갈등은 주로 안식일 이해와 할례와 음식 규례에 대한 전통을 배경으로 하여 생긴다. 이 세 가지는 유대인의 정체성을 세워 주는 것들이었기 때문이다. 서기관들과 바리새인들은 예수님이 안식일에 병을 고치시는 것을 매우 못마땅하게 생각한다. 왜냐하면 이런 것들은 안식을 어기는 행위들이기 때문이다. 그러나 예수님은 안식일이 사람을 위하여 있는 것이지 사람이 안식일을 위하여 있는 것이 아니라고 말씀하신다.

6:1-3. 두 가지 이슈가 예수님과 바리새인과 서기관 사이에 갈등을 일으키고 있다. 하나는 안식일에 제자들이 이삭을 잘라 손으로 비비어 먹는 것이고(1-5절), 또 다른 하나는 안식일에 병자를 치유하시는 것이다 (8-10절).

원래 안식일은 하나님을 경배하기 위하여 쉬는 날이었다. 그러나 세월이 흐르면서 원래의 의도보다 더 많은 규례들이 첨부되어 사람들의 신앙생활에 부담이 가게 하였다. 그것의 한 예가 예수님의 제자들이 안식일에 이삭을 잘라 먹는 것이다. 남의 밀 이삭을 잘라 먹는 것은 위법이 아니었다. 유대인의 법에 배고플 때에는 낫으로 밀을 잘라 수확하는 것은 안식일을 어기는 것이지만, 이삭을 손으로 비벼서 먹는 것은 괜찮은 것으로 되어 있다 (신 23:24-25).

십계명의 넷째 계명은 안식일을 거룩하게 지키라고 한다. 유대인들은 자신들을 이방인들과 구별하는 기준 중에 하나로 안식일을 지키느냐 안 지키느냐를 들어 말한다. 그런데 예수께서 밀밭 사이로 지나가실 때 제자들이 이삭을 잘라 손으로 비벼서 먹었다. 서기관과 바리새인들의 눈에는 이러한 행동이 거슬렸다. 그들은 안식일에 이삭을 잘라 손으로 비벼서 먹는 것을 일이라고 생각하였기 때문이었다. 안식일에 해서는 안 되는 일들이 39개가 있었다.

6:3-4. 왜 예수님은 다윗이 하나님의 전에 들어가 제사장 외에는 먹어서는 안 되는 진설병(제단 빵)을 먹고 함께한 자들에게 나누어 주었다는 것으로 바리새인들에게 응답하셨을까? 다윗은 왕국을 위하여 하나님께서 계획하신 일을 이행하는 대변인이었다 (삼상 26:1-6). 왕국을 위하여 다윗이 십계명을 어길 수 있었다면, 메시야이신 예수님, 하나님의 아들이신 예수님은 다윗보다 더 높은 차원의 하나님의 일을 하고 계신 분이시다. 다윗이 인간의 필요를 우선으로 생각하였다면, 예수님은 안식일에도 인간이 생존할 수 있도록 필요로 하는 것을 충족시켜 주는 분이 아니신가!

이 이야기의 근본 이슈는 안식일을 어떻게 이해해야 하며, 하나님의 백성으로서 안식일을 어떻게 지켜야 하는가에 있다. 예수님은 서기관들의 안식일에 대한 해석은 안식일에 내포된 하나님의 구속적인 목적을 그들이 이해하지 못하고 있다고 생각하신다. 안식일은 사람들을 살리기 위하여 하나님께서 제정하여 주신 것이지, 한 민족의 정체성을 세워 주기 위하여 안식일을 창조해 주신 것이 아니라는 것이다. 그래서 바리새인들은 안식일에 대하여 자신들과 같이 생각하지 않는 예수님을 고소하려고 한다. 예수님이 안식일을 전적으로 잘못 이해하고 계시다고 생각하기 때문이다. 그 때 예수님은 말씀하신다.

6:5. "인자는 안식일의 주인이니라." 예수님은 안식일보다 우월하신 분이시다. 이것은 예수님의 말씀이 안식일을 이해하도록 돕는 것이지 안식일이 예수님의 정체를 결정해

주는 것이 아니다. 그러면 일반적으로 성경에서 안식일을 지킨다고 하는 것은 무엇을 의미하는 것일까?
- 하나님은 창조자이시고 우리는 피조물이라는 고백이다.
- 안식일은 모든 것이 하나님께 달려있다는 신앙고백이다.
- 안식일은 하나님과의 영적인 교제를 위한 것이다.
- 안식일은 사람들에게 안식(쉼)을 주는 날이다.
- 안식일은 화해의 표시이다.
- 안식일은 굴레에서 벗어나는 것이다.
- 안식일은 하나님의 백성이 된 표증이다.
- 안식일은 하나님께서 공동체에 임재하신다는 표시이다.
- 안식일은 구원의 은혜에 대하여 감사하는 것이다.

➡생활 속으로

☼ 우리도 성수주일을 우선으로 생각한다. 바리새인이 안식일을 우선으로 생각한 것과 무엇이 다를까?

누가복음 6:12-26
열두 제자를 택하시다

➡말씀 속으로◀━

5:1-11에서 예수께서 고기를 잡고 있던 시몬 베드로와 야고보와 요한을 부르신 후, 6:14-16에서 열두 제자를 모두 부르시고 그들을 사도로 택하신다. "사도"는 "보냄을 받은 자"를 뜻한다. 사도는 예수님과 함께하고, 병든 자들을 고쳐 주고, 말씀을 선포하기 위해 보냄을 받은 자들이다.

그들의 이름은 베드로 (시몬과 게바라고 불리기도 함), 안드레, 야고보, 요한, 빌립, 바돌로매 (나다나엘이라고 불리기도 함), 마태 (레위라고 불리기도 함), 도마, 알패오의 아들 야고보, 셀롯이라는 시몬, 야고보의 아들 유다, 예수님을 팔아 넘긴 가룟 유다(가룟은 유다가 태어난 마을)이다.

이들 모두는 교육을 받지 못한 평범한 사람들이었다. 예수님의 열두 제자는 새로운 하나님의 백성을 상징하는 것이고, 그들을 사도로 부르는 이유는 그들이 새로운 하나님의 공동체를 세우게 될 사람들로 생각하기 때문이다. 제자는 예수님의 부활 사건을 목격한 사람들을 칭하는 뜻으로 오랫동안 사용하였지만, 후대에 와서는 제자와 사도가 예수님을 증거하는 사람들을 부르는 호칭으로 사용하였다.

누가는 예수님이 중요한 것을 행하거나 결정할 때마다 기도하시는 모습을 소개한다. 제자를 선택하는 것이 하나님의 섭리 가운데 행하여지는 것이라는 사실을 보여주기 위하여 예수님은 산으로 가서 밤이 새도록 기도하신다.

예수님은 그가 세례를 받으셨을 때 기도하셨다 (3:21).
예수님은 산에서 변화하셨을 때 기도하셨다 (9:28).
예수님은 십자가를 앞에 놓고 기도하셨다 (22:42-44).

"제자"는 예수님을 닮으려고 애쓰고, 성령의 권능으로 받은 은사를 교회를 세우기 위해 성심성의를 다하여 활용하고, 죽기까지 예수님을 따르기로 헌신하는 사람이다.

6:17-26. 평지설교라고 알려진 부분이다. 예수께서 소개해 주시는 새로운 세상과 그 세상에서 합당하게 생활할 수 있는 새로운 세계관과 행동양식을 소개해 주는 부분이다. 많은 무리가 여러 지역에서 예수께로 몰려든다.

6:20. "가난한 자는 복이 있나니 하나님의 나라가 너희 것임이요." 헬라어로 가난을 "프토코스"라고 하는데 이 단어는 물질적 빈곤뿐만 아니라 영적으로도 절망적인 사람을 뜻한다. 이러한 사람은 자신의 소망, 자신의 목적, 자신의 운명을 좌우할 수 없다는 사실을 인정하고 하나님의 도움만을 의지하는 사람이다.

"복이 있나니"에서의 "복"은 "하나님이 기뻐하는 자," "다시없는 행복을 누리는 자"를 의미하는 특별한 단어이다. 인간이 누릴 수 있는 최대 수치의 행복을 말하는 단어이다.

6:21. "지금 주리는 자와 우는 자가 복이" 있다고 한다. 주리는 자는 먹을 것을 간구한다. 하나님은 이들에게 먹을 것을 마련하여 주신다. 그러기에 복 받은 사람이다. 또한 우는 자는 현재의 고통을 참으며, 이웃의 고난을 나누며, 이웃의 죄를 슬퍼하기에 운다. 그들은 하나님의 도우심으로 웃게 될 것이기에 복 받은 사람이다.

6:22. "지금 박해 받는 자는 복이" 있다고 하신다. 그들이 하늘의 상을 크게 받으리라고 하신다.

평지설교 부분에서는 세상에서 정상적으로 알려져 있는 복의 개념들이 정반대로 뒤바뀌는 모습을 보여준다. 일반적으로 부자와 슬픔을 당하지 아니하는 자가 하나님으로부터 축복 받은 것으로 사람들이 생각을 하는데, 여기서는 예수께서 정반대로 가르쳐 주신다.

6:24-26. 예수님은 복 있는 자에 대하여 가르쳐 주신 후, 화를 받을 사람에 대하여도 가르쳐 주신다. 첫째로, 부요한 자에게 화가 있을 것이다. 경제적으로 부요한 자에게 화가 있는 것이 아니다. 복음 사역을 방해하고 가난한 자들을 압제하는 자들에게 화가 있다는 것이다. 둘째로, 배부른 자에게 화가 있을 것이다. 그들은 하나님을 찾고 갈망하는 마음을 잃었기 때문이다. 셋째로, 웃는 자에게 화가 있다고 한다. 즉, 하나님을 모르고 세상의 감각적 재미만 알며 쾌락만 찾으며 살기 때문이다. 넷째로, 모든 사람이 칭찬하는 자이다. 겉으로만 하나님께 충성하는 척하고 속으로는 다른 마음을 품고 사는 위선이 보이기 때문이다.

➡ 생활 속으로

☼ 복을 받는 자와 화를 받는 자의 차이를 알면서도 화를 받는 자의 길에 자주 서게 되는 이유는 무엇일까?

☼ 예수님은 진정으로 우리가 주리는 자가 되고, 우는 자가 되고, 박해 받는 자가 되기를 원하시는 것일까?

누가복음 6:27-38
원수를 사랑하라

━▶ 말씀 속으로 ◀━

그러면 복 받은 사람들은 어떻게 살아야 하는가? 구약은 "생명은 생명으로, 눈은 눈으로, 이는 이로, 손은 손으로, 발은 발로, 덴 것은 덴 것으로 상하게 한 것은 상함으로, 때린 것을 때림"(출 21:23-25)으로 대응하도록 규정하고 있다. 그러나 예수님은 전혀 다른 가치관을 말씀해 주신다.

- 원수를 사랑하라 (27절).
- 너희를 미워하는 자를 선대하라 (27절).
- 너희를 저주하는 자를 위하여 축복하라 (28절).
- 너희를 모욕하는 자를 위하여 기도하라 (28절).
- 너의 이 뺨을 치는 자에게 저 뺨도 돌려대라 (29절).
- 네 겉옷을 빼앗는 자에게 속옷도 거절하지 말라 (29절).
- 네게 구하는 자에게 주며 네 것을 가져가는 자에게 다시 달라 하지 말라 (30절).
- 남에게 대접을 받고자 하는 대로 너희도 남을 대접하라 (31절). 원수를 사랑하고 선대하며 아무 것도 바라지 말고 꾸어 주라 (35절).
- 비판하지 말라 (37절).
- 정죄하지 말라 (37절).
- 용서하라 (37절). 주라 (38절).

이렇게 사는 길이 하늘 아버지가 자비를 베푸시는 것 같이 우리도 남에게 자비를 베풀 수 있는 길이다. 이렇게 사는 길이 원수를 사랑하고 용서할 수 있는 길이다.

━▶ 생활 속으로

☼ 성도에게는 성도로 세워 주는 믿음의 터가 있고, 성도의 모습을 보여주는 가치관이 있다. 나는 기독교의 가치관에 따라 생각하고 행동하는 사람이라고 생각하는가?

누가복음 6:39-49
남을 심판하지 말라

━▶ 말씀 속으로 ◀━

6:39-41. 거짓 지도자들에게 공통적으로 나타나는 특색이 있다면, 그들은 세상적이고, 이기적이고, 위선적이다. 성경에서 맹인은 종종 바르게 생각하지 못하고, 바르게 살지 못하는 사람을 상징적으로 말한다. 특히 영적 통찰력이 없는 사람을 상징하여 맹인이라고 한다. 복음서에서는 바리새인들에 대하여 이야기를 한 후에 맹인을 고쳐 주는 이야기가 종종 나온다. 영적 세계의 깊이를 보지 못하는 바리새인들을 대비하여 말할 때가 종종 있다. 이들이 다른 사람을 인도하면 맹인이 맹인을 인도하는 격이 되고, 둘 다 구덩이에 빠지게 된다. 지도자는 바르게 이해하고, 바르게 믿고, 바르게 행동을 해야 남을 인도할 수 있다.

6:41-42. "어찌하여 형제의 눈 속에 있는 티는 보고 네 눈 속에 있는 들보는 깨닫지 못하느냐." 이것은 자신의 큰 잘못과 결함은 깨닫지 못하고 남의 작은 잘못과 결함을 쉽게 지적하는 태도를 말한다. 이것은 위선적인 삶을 상징하는 것이다. 먼저 자신의 부족을 깨닫는 자가 남의 부족을 깨닫게 하여줄 수 있다.

6:43-45. 좋은 나무는 좋은 열매를 맺고, 못된 나무는 못된 열매를 맺는다. 나무의 열매를 보고 우리는 그 나무가 무슨 종류의 나무인지를 알 수 있다. 선한 사람은 선을 낳고 악한 사람은 악을 낳는다. 예수님을 따르는 사람들은 회개에 합당한 열매를 맺고 (3:8), 악한 자는 그 쌓은 악에서 악을 낸다. 그러므로 예수님을 따르는 사람들은 선한 말과 선한 행동이 일치되어야 한다.

6:46-49. 43-45절이 말한 것을 행동으로 옮기는 것에 관한 것이라면, 46-49절은 듣는 것을 행동으로 옮기는 것에

관한 것이다. 다시 말해, 개인의 행동이나 집단의 행동은 어떤 말을 하고 어떤 종류의 말을 듣고 있느냐를 입증하여 준다는 이야기이다. 이렇게 행동이 나타나지 않을 때, 예수님은 말씀하신다. "너희는 나를 불러 주여 주여 하면서도 어찌하여 내가 말하는 것을 행하지 아니하느냐?"

말씀을 듣고 행하는 자는 예수님이 삶의 주인이 되는 삶을 사는 사람이다. 그리고 삶 속에서 예수님의 모습을 얼마나 나타낼 수 있느냐에 따라 제자다 아니다가 판정된다. 행동이 따르지 않는 말은 주추가 없는 것과 마찬가지이다. 말씀을 듣고 행하는 자는 "집을 짓되 깊이 파고 주추를 반석 위에 놓은 사람과 같으니 큰 물이 나서 탁류가 그 집에 부딪치되 잘 지었기 때문에 능히 요동하지 못하게" 하는 자이다.

말씀을 듣고도 행하지 않는 자는 "주추 없이 흙 위에 집 지은 사람과 같으니 탁류가 부딪치매 집이 곧 무너져 파괴됨이" 심하게 되는 자이다.

성도의 삶은 지식을 머리와 가슴에 담아두는 삶으로는 부족하다. 머리와 가슴에 담겨 있는 말씀이 행동으로 나타나야 한다. 변화된 기질과 헌신은 구체적인 삶의 변화를 통하여 나타나야 한다.

▶생활 속으로

☼ 말과 행동이 일치하는 삶을 살려면 어떤 훈련이 필요한가? 우리교회는 이러한 훈련을 어떻게 시켜 주고 있는가?
☼ 나는 신앙의 집을 반석 위에 세우고 있는가 아니면 흙 위에 세우고 있는가?
☼ 나는 내가 지니고 있는 성격의 약점들을 예수님의 가르침으로 대체하고 있는가? 어떻게 하고 있는가?
☼ 모진 비바람이 불어 닥쳐도 무너지지 않는 주초를 놓으려면 무엇을 어떻게 해야 하는가?

누가복음 7:36-50
한 여자가 예수께 향유를 붓다

━━▶ 말씀 속으로 ◀━━

예수님의 발에 향유를 붓는 한 여자의 이야기는 사복음서가 조금씩 다르게 기록하고 있다. 마태복음과 마가복음에서는 베다니 나병환자의 집에서 향유를 붓고, 누가복음은 한 바리새인의 집에서, 요한복음은 마르다와 마리아의 집에서 향유를 붓는 일이 일어난다. 마태복음과 마가복음과 누가복음은 예수님의 머리에 향유를 붓고, 요한복음은 예수님의 발에 향유를 붓는다. 그러나 사복음서 모두가 한 죄인의 고백을 통하여 예수님의 정체와 십자가의 본질을 말하여 주는 것은 똑같다.

7:36-39. 한 바리새인이 예수께 자기 집에서 식사를 함께하자고 초청하고 예수님은 그 초청을 받아들이신다. 누가복음은 이 바리새인의 정체를 밝히지 아니한다. 예수님이 한 바리새인의 집에 계신 것을 알고 어떤 여자가 향유 담은 옥합을 가지고 예수님을 찾아온다. 이 여자는 예수님에게서 남이 보지 못하는 것을 본 여자이다. 사람들은 지금까지 예수님의 가르침, 말씀 선포, 치유와 기적만을 보았다. 그러나 이 여자는 예수님의 십자가의 죽음을 본 사람이다. 이 여자는 예수님의 희생적인 죽음, 구원을 위한 죽음의 의미를 볼 수 있었다. 그래서 예수님의 발 곁에 서서 울며 눈물로 그 발을 적시고 자기 머리털로 닦고 그 발에 입맞추고 향유를 붓는다. 이것은 마리아의 헌신과 순종과 겸손을 보여주는 모습이다.

예수께서 그가 대제사장과 서기관들에게 잡혀 죽게 되리라고 세 번에 걸쳐 말씀하셨을 때, 제자들은 예수님이 무엇에 대하여 말씀하시는지 알지 못했고, 알아도 오해를 하고 있었다. 그러나 이 향유를 가져온 여자는 예수님의 장례를 준비하였다. 누가는 여기서 죄인들을 친구로 보시는 예수님의 모습을 생생하게 묘사하고 있다. 향유로 예수님의 발을 적시고 머리털로 닦는 광경을 지켜보던 바리새인은 언짢은 반응을 보인다. "이 사람이 만일 선지자라면 자기를 만지는 이 여자가 누구며 어떠한 자 곧 죄인인 줄을 알았으리라 하거늘."

7:40-43. 예수님은 바리새인 시몬에게 말씀하신다. "빚 주는 사람에게 빚진 자가 둘이 있어 하나는 오백 데나리온을 졌고 하나는 오십 데나리온을 졌는데 갚을 것이 없으므로 둘 다 탕감하여 주었으니 둘 중에 누가 그를 더 사랑하겠느냐 시몬이 대답하여 이르되 내 생각에는 많이 탕감함을 받는 자니이다 이르시되 네 판단이 옳다."

7:44-46. 예수님은 그 여자를 돌아보며 시몬에게 말씀하신다. "내가 네 집에 들어올 때 너는 내게 발 씻을 물도 주지 아니하였으되 이 여자는 눈물로 내 발을 적시고 그 머리털로 닦았으며 너는 내게 입맞추지 아니하였으되 그는 내가 들어올 때로부터 내 발에 입맞추기를 그치지 아니하였으며 너는 내 머리에 감람유도 붓지 아니하였으되 그는 향유를 내 발에 부었느니라." 예수님은 그녀의 사랑하는 마음 때문에 죄 사함을 받았다고 말씀하신다.

7:47-50. 이에 예수께서 여자에게 "네 죄 사함을 받았느니라." "네 믿음이 너를 구원하였으니 평안히 가라"고 말씀하신다.

━━▶ 생활 속으로

☼ 예수님의 발에 향유를 부은 한 여자는 눈에 보이는 예수님의 가르침과 기적 이상의 숨겨져 있는 예수님의 정체를 깨달아 알 수 있었다. 영의 세계를 볼 수 있는 사람들은 어떤 사람들일까? 왜 어떤 사람들은 영의 세계를 볼 수 있고 어떤 사람들은 영의 세계를 전혀 볼 수 없을까?

☼ 나는 예수님이 이 땅에 오신 목적을 언제 깨달았는가?

누가복음 8:4-15
네 가지 땅에 떨어진 씨 비유

▶ 말씀 속으로 ◀

씨 뿌리는 자의 비유는 사람들이 예수님의 메시지를 성실하게 듣고, 믿고, 굳건히 잡는 자들만이 믿음의 결실을 맺을 수 있다는 것에 초점을 맞추는 비유이다.

"비유"는 사물을 나란히 놓고 비교하여 말하는 것을 뜻한다. 비유는 의미를 제공하여 주며, 들은 내용에 따라 결단할 수 있도록 도와준다. 예수께서 비유로 말씀하시는 이유는 복음의 진리가 일반 사람들의 생각과는 다르고 들을 수 있는 귀는 듣고 볼 수 있는 눈은 보도록 하기 위함이다.

8:4-15. 씨 뿌리는 자가 그 씨를 뿌리러 나간다. "씨"는 하나님의 말씀을 뜻한다. 하나님의 말씀은 생명의 말씀이며, 죽은 영혼을 살리는 말씀이다.

씨 뿌리는 자가 뿌린 씨가 더러는 길 가에 떨어지매 밟히며 공중의 새들이 먹어버렸다. 길 가에 떨어진 씨는 하나님의 말씀을 듣는 것에 대해 전혀 관심이 없는 상태를 뜻한다. 그래서 길 가에 떨어진 씨는 마귀가 가서 그들이 믿어 구원을 얻지 못하게 하려고 그 마음에서 말씀을 빼앗아 가는 것을 뜻한다. 말씀을 빼앗아 가는 것은 말씀을 깨닫지 못하거나 잊어버리게 하는 것을 뜻한다.

씨 뿌리는 자가 뿌린 씨가 더러는 바위 위에 떨어졌다. 바위 위에 떨어진 씨는 습기가 없어 자라는 듯하다가 말라 버린다. 바위 위에 흙이 얇게 덮여 있는 곳에 떨어진 씨는 발끈 흥분했다가 그 흥분이 곧 없어지는 상태를 뜻한다. 바위 위에 떨어진 씨는 말씀을 들을 때에 기쁨으로 받으나 뿌리가 없어 잠깐 믿다가 시련을 당할 때에 배반하는 것을 뜻한다. 뿌리가 없다는 것은 복음에 대한 확고한 지식과 믿음이 없다는 뜻이다.

씨 뿌리는 자가 뿌린 씨가 더러는 가시떨기 속에 떨어졌다. 가시떨기는 자라는 씨의 기운을 막는다. 이것은 말씀을 받기는 하나 그 말씀의 중요성을 인정하려 하지 않는 상태를 뜻한다. 가시떨기에 떨어진 씨는 말씀을 들은 자이기는 하지만 지내는 중 이생의 염려와 재물과 향락에 기운이 막혀 온전히 결실하지 못하는 것을 뜻한다.

씨 뿌리는 자가 뿌린 씨가 더러는 좋은 땅에 떨어졌다. 이 씨는 백 배의 결실을 맺는다. 말씀을 듣고 그 말씀으로 인하여 열매를 맺을 수 있는 상태를 뜻한다. 이것은 착하고 좋은 마음으로 말씀을 듣고 지키어 인내로 결실하는 것을 뜻한다. 말씀을 듣고 잘 이해하는 것이 결국 의롭고 선하고 진실한 인격자가 되어 행동으로 이어지게 만들어 준다.

▶생활 속으로

☼ 지금 하나님의 말씀을 듣는 나의 마음의 자세는 네 가지 땅 가운데 어느 땅에 제일 가까울까?

누가복음 8:40-56
야이로의 딸을 고쳐 주시다

▶말씀 속으로◀

8:40-42. 예수께서 거라사 지방에서 귀신 들린 사람을 고쳐 주시고 돌아와서 말씀을 하실 때에, 야이로(회당장)가 예수께 와서 절하며 자기 집에 와서 죽어가는 자기의 열두 살 된 외동딸을 고쳐 주기를 간청한다. 그러나 예수님이 야이로의 집에 도착했을 때는 이미 그 딸이 죽어 있었다. 예수님은 그 딸이 죽지 않고 잠자고 있다고 말씀하셨다.

"야이로"는 옛 시대를 상징한다. 그러나 예수님을 통하여 그는 새 시대를 맞이하게 될 것이다. 그 새 시대는 죽은 자가 살아나는 것과 같은 새 질서의 시대이다.

8:43-44. 열두 해 동안이나 혈루증으로 고생하는 여자가 예수님 뒤로 와서 예수님의 겉옷 가를 만진다. 여자가 앓고 있던 혈루증은 생명을 위협하는 병은 아니였지만, 이 병은 하혈하는 병이라 제사장들로부터 불결한 사람으로 취급받아 유대인 사회로부터 소외된 채 생활하고 있던 사람이었다 (레 15:25-30). 그래서 그 병이 나을 때까지 사회로부터 격리되어 생활해야만 했다.

이 여자는 예수님의 겉옷만 만져도 치유를 받을 수 있다고 믿는다. 혈루증 환자는 부정한 사람으로 판정받은 사람이기 때문에 대중 앞에 나와 행동할 수 없다. 그렇지만 그녀는 예수님께로 나왔다. 그녀는 믿음의 여인이었다. 그녀는 예수님의 능력을 믿은 믿음 때문에 치유받은 여인이다. 갈급한 심령과 믿음으로 예수께 간구할 때 예수님은 우리의 간구를 들어주신다.

8:45-48. 예수님은 그에게 손을 댄 자가 있다고 말씀하신다. 그에게서 능력이 나간 줄 아셨기 때문이다. 혈루증을 앓던 여자는 예수님의 옷에 손을 대자 12년 동안 앓던 혈루증이 치유를 받았을 뿐만 아니라 예수님은 그 여인에게 마음의 평화도 허락해 주셨다. "딸아 네 믿음이 너를 구원하였으니 평안히 가라 하시더라."

8:49-56. 예수님은 회당장 야이로의 딸을 살려 주신다. 그리고 이 사실을 아무에게도 말하지 말라고 하신다. 아직 십자가의 영광이 이루어지지 아니하였기 때문이다.

▶생활 속으로

☼ 예수께서 나에게 직접 안수기도를 해주겠다고 하시면 나는 무엇을 제일 처음 치유받기를 원할까?

☼ 안수기도를 받은 후 치유를 체험해 본 적이 있는가? 그 후부터 마음의 평안을 누리고 살고 있는가?

☼ 치유의 은혜를 체험해 보았는가? 어떤 치유였는가?

누가복음 9:10-36
예수님은 누구이신가?

➡ 주요 메시지
9:10-17. 예수는 오천 명을 먹이신 분이시다.
9:18-20. 예수는 하나님의 그리스도이시다.
9:21-27. 예수는 고난받고 다시 살아나시는 분이시다.
9:28-36. 예수는 하나님의 아들이시다.

누가복음 9:10-17
예수는 오천 명을 먹이신 분이시다

➡ 말씀 속으로 ◀

9:10 사도들이 돌아와 자기들이 행한 모든 것을 예수께 여쭈니 데리시고 따로 벳새다라는 고을로 떠나 가셨으나 11 무리가 알고 따라왔거늘 예수께서 그들을 영접하사 하나님 나라의 일을 이야기하시며 병 고칠 자들은 고치시더라 12 날이 저물어 가매 열두 사도가 나아와 여짜오되 무리를 보내어 두루 마을과 촌으로 가서 유하며 먹을 것을 얻게 하소서 우리가 있는 여기는 빈 들이니이다 13 예수께서 이르시되 너희가 먹을 것을 주라 하시니 여짜오되 우리에게 떡 다섯 개와 물고기 두 마리밖에 없으니 이 모든 사람을 위하여 먹을 것을 사지 아니하고서는 할 수 없사옵나이다 하니 14 이는 남자가 한 오천 명 됨이러라 제자들에게 이르시되 떼를 지어 한 오십 명씩 앉히라 하시니 15 제자들이 이렇게 하여 다 앉힌 후 16 예수께서 떡 다섯 개와 물고기 두 마리를 가지사 하늘을 우러러 축사하시고 떼어 제자들에게 주어 무리에게 나누어 주게 하시니 17 먹고 다 배불렀더라 그 남은 조각을 열두 바구니에 거두니라.

빈 들에서 오천 명을 먹인 기적 이야기는 사복음서가 모두 기록한다. 이는 대단히 중요한 이야기라는 뜻이다. 예수님은 육적으로나 영적으로 배고픔으로 소외당하고 있는 이들을 먹여 주시는 분이시다.

9:10. 사도들이 전도여행에서 돌아와 자기들이 행한 모든 것을 예수님에게 보고한 후, 예수님은 그들을 데리고 벳

새다라는 고을로 떠나가셨다. 오천 명을 먹인 기적은 "벳새다"(고기잡는 집이라는 뜻)라는 고을 쪽으로 가다가 "빈 들"에서 일어난다. 벳새다는 갈릴리 호수로 들어가는 상부 요단강 동쪽에 위치하고 골란 고원으로 올라가는 길목에 위치하고 있던 어촌이었다.

9:11-17. 예수께서 따로 조용하게 제자들과 함께 있기를 원하셨지만, 무리가 알고 따라왔다. 예수님은 그들에게 하나님 나라에 대하여 전파하시고, 병든 사람들을 고쳐 주신다. 이 때 제자들은 날이 저물었고 이 곳은 빈 들이니 무리를 보내어 두루 마을과 촌으로 가서 유하며 먹을 것을 얻게 하라고 요청한다. 예수님은 그들에게 먹을 것을 주라고 말씀하신다. 하나님께서 이스라엘 백성에게 먹을 것을 주셨듯이 제자들도 굶주린 사람들을 먹여 주어야 한다. 그런데 자신들에게는 떡 다섯 개와 물고기 두 마리밖에 없어서 그들을 위하여 먹을 것을 사지 아니하고서는 할 수 없다고 말한다. 예수님은 오천 명 되는 사람들을 오십 명씩 떼를 지어 앉히라고 하신다.

9:12. "여기는 빈 들이니이다."는 "황무지"를 뜻한다.

9:16-17. 예수께서 떡 다섯 개와 물고기 두 마리를 가지사 하늘을 우러러 축사하시고 떼어 제자들에게 주어 무리에게 나누어 주게 하시니 다 배불리 먹고 그 남은 조각이 모두 열두 바구니었다고 한다.

오천 명을 먹인 기적 이야기는 이스라엘 백성이 광야에서 방황하고 있었을 때 하나님께서 그의 백성을 매일 먹여 주시던 것을 생각나게 해주는 기적 이야기이다. 이 기적 이야기는 하나님의 아들이신 예수님의 신성을 보여주는 것이다. 그리고 이 기적 이야기 속에서 무리를 불쌍히 여기시는 예수님의 모습을 볼 수 있다. 독자들은 이 기적 이야기 속에서 예수님 자신이 돌아가시게 될 것이라고 말씀하시는 것을 들을 수 있다 (18-22절).

마가복음은 남자만 오천 명, 마태복음은 여자와 어린이 외에 5천 명, 요한복음은 오천 명을 먹인 기적을 예수께서 말씀하신 "나는 생명의 떡이라"(6:35)와 연결을 시킨다. 유대 문학에서는 숫자 5가 완전을 의미하기도 한다. 모세오경, 다섯 지혜서, 다섯 권의 시편 등 (150편의 시편은 다섯 부분으로 나뉘어져 있다). 그러므로 떡 다섯은 거룩함이 충만한 것을 의미할 수 있다.

➡ 생활 속으로

☆ 오천 명을 먹이는 기적은 예수님이 하나님의 아들로서의 그의 정체성을 확신시켜 줄 뿐만 아니라, 예수님은 소외당하고 배고파하는 사람들을 먹여 주시며 돌보아 주는 분이시다. 나는 예수님의 돌보심을 받고 있다는 확신이 있는가?

누가복음 9:18-20
예수는 하나님의 그리스도이시다

➡ 말씀 속으로 ◀―

9:18 예수께서 따로 기도하실 때에 제자들이 주와 함께 있더니 물어 이르시되 무리가 나를 누구라고 하느냐 19 대답하여 이르되 세례 요한이라 하고 더러는 엘리야라, 더러는 옛 선지자 중의 한 사람이 살아났다 하나이다 20 예수께서 이르시되 너희는 나를 누구라 하느냐 베드로가 대답하여 이르되 하나님의 그리스도시니이다 하니.

예수님은 중요한 사건이 일어날 때나 중요한 결정을 하실 때 종종 혼자서 기도하셨다. 예수님은 세례를 받으셨을 때, 기도하고 세례를 받으셨다. 예수님은 제자들을 부르기 전에 밤새 기도하신 후에 제자들을 부르셨다 (6:12). 예수님은 산에 기도하러 가셨을 때, 산상변화가 일어났다 (9:28). 예수께서 한 곳에서 기도하셨을 때, 제자 가운데 하나가 자기들에게 기도를 가르쳐 달라고 한다 (11:1). 예수님은 땀이 땅에 떨어지는 핏방울 같이 되도록 간절히 기도하셨다 (22:44-46).

9:18-19. 예수님은 오천 명을 먹인 기적을 베푸신 후, 따로 기도하실 때에 "무리가 나를 누구라고 하느냐"고 제자들에게 물으신다. 그들은 세례 요한, 더러는 엘리야, 어떤 이는 옛 선지자 중에 한 사람이 살아났다고 말한다고 예수께 대답한다.

9:20. "예수께서 이르시되 너희는 나를 누구라 하느냐?" 이 질문은 성도라면 누구나 물어보아야 하는 질문이다. 우리는 그리스도에 대하여 무엇을 알고 있고, 누구라고 믿고 있고, 누구라고 고백하고 있는가? 베드로는 "하나님의 그리스도시니이다"라고 고백한다. 헬라어 "그리스도"는 히브리어 "메시야"와 같은 말인데 이는 기름부음을 받는다는 뜻이다.

누가복음 9:21-27
예수는 고난받고 다시 살아나시는 분이시다

━▶ 말씀 속으로 ◀━

9:21 경고하사 이 말을 아무에게도 이르지 말라 명하시고 22 이르시되 인자가 많은 고난을 받고 장로들과 대제사장들과 서기관들에게 버린 바 되어 죽임을 당하고 제삼일에 살아나야 하리라 하시고 23 또 무리에게 이르시되 아무든지 나를 따라 오려거든 자기를 부인하고 날마다 제 십자가를 지고 나를 따를 것이니라 24 누구든지 제 목숨을 구원하고자 하면 잃을 것이요 누구든지 나를 위하여 제 목숨을 잃으면 구원하리라 25 사람이 만일 온 천하를 얻고도 자기를 잃든지 빼앗기든지 하면 무엇이 유익하리요 26 누구든지 나와 내 말을 부끄러워하면 인자도 자기와 아버지와 거룩한 천사들의 영광으로 올 때에 그 사람을 부끄러워 하리라 27 내가 참으로 너희에게 이르노니 여기 서 있는 사람 중에 죽기 전에 하나님의 나라를 볼 자들도 있느니라.

수난예고는 예수님이 수난을 당하고, 버림을 받고, 죽임을 당하고, 죽은 후 제삼일에 다시 살아날 것을 미리 말씀하시는 것이다. 누가복음에서 예수님은 고난을 받고 다시 살아나실 것(수난예고)을 네 번에 걸쳐 예고하신다. 수난예고는 예수님의 사역의 본질을 말해 주는 것이다.

첫 번째 수난예고(9:21-27)에서는 고난을 받고 죽임을 당하고 제삼일에 살아나야 하리라고 말씀하신 후, "아무든지 나를 따라오려거든 자기를 부인하고 날마다 제 십자가를 지고 나를 따를 것이니라"고 말씀하신다.

두 번째 수난예고(9:43-50)에서는 첫 번째와 비슷한 말씀을 하신 후, "누구든지 내 이름으로 이런 어린 아이를 영접하면 곧 나를 영접함이요 또 누구든지 나를 영접하면 나를 보내신 이를 영접함이라"고 말씀하신다.

세 번째 수난예고(18:31-34)에서도 비슷한 것을 말씀하신 후, "제자들이 이것을 하나도 깨닫지 못하였으니 그 말씀이 감취었으므로 그들이 그 이르신 바를 알지 못하였더라"고 기록되어 있다. 즉, 세 번 다 제자들은 예수께서 받으실 고난과 부활을 잘 깨닫지 못했다는 뜻이다.

네 번째 수난예고(22:21-23)에서 예수님은 유다가 예수님을 팔 것을 예고하신다. 9:20에서 베드로가 예수님이 "하나님의 그리스도시니이다"라고 고백한 후, 예수님은 그가 당하실 십자가에 대하여 제자들에게 말씀하신다. 그러나 예수님의 그리스도 (메시야) 되심은 전통적인 그리스도와 너무나 다르기 때문에 제자들도 이해하기 힘들어 한다. 인간의 생각에 십자가는 사형틀이라는 부정적인 요소가 포함되어 있지만, 하나님의 계획에는 십자가 없이는 구원의 역사가 일어나지 아니한다.

9:23. 성도는 자기를 부인하고 날마다 제 십자가를 지고 예수님을 따라야 한다. 성도의 삶은 바울이 말한 것처럼, "그런즉 이제는 내가 사는 것이 아니요 오직 내 안에 그리

스도께서 사시는 것이"기 때문이다 (갈 2:2). "사탄"은 하나님의 일을 방해하는 자이다. 하나님의 명령을 회피하고 인간의 욕구를 채우려 하는 마음은 사탄의 역사이다.

9:24-27. 그러면 예수님의 제자가 된다는 것이 무엇을 뜻하는 것일까? 제자가 된다고 하는 것은 예수님을 그리스도로 고백하는 것이요, 예수님을 통한 하나님의 구원계획을 확신하는 것이다. 이 하나님의 구원계획을 확신하기 위해서는 자기를 부인하고 날마다 제 십자가를 지고 예수님을 따라야 한다. 십자가를 진다는 것은 우리 신상에서 일어나는 어려움을 말하는 것이 아니라, 예수님을 따르는 것을 의미하고 우리의 어려움을 통하여 그리스도의 모습이 나타나는 것을 뜻한다. 그러므로 죽기까지 그리스도를 위하여 목숨을 버리는 길이다. 제자들은 온 천하를 얻는다고 해서 만족해 하고 행복해 하는 사람들이 아니다. 제자들은 하나님 나라에 소망을 둔 사람들이다.

9:43b-50 (수난예고 2). 산상변화에서 예수님은 제자들에게 하나님의 아들이심을 보여주시고, 곧바로 다시 하나님의 아들 되심이 무엇을 뜻하는지 말씀해 주신다. 하나님의 아들이 된다는 것은 고난을 받는 것이고, 작은 자가 되어 남을 영접하고 섬기는 것이다. 제자들은 아직도 명예욕에 사로잡혀 있다. 이것은 그들이 예수께서 행하시는 구원의 역사를 아직 이해하지 못하고 있음을 뜻하는 것이다.

9:46-48. 제자는 힘 있는 사람을 따르는 것이 아니라 힘 없는 사람을 포용하여 그에게 힘을 넣어 주는 사람이다.

9:49-50. 제자들은 예수님이 실천하시는 포용성을 아직도 이해하지 못한다.

18:31-34. 수난예고 (3). 갈릴리로부터 예루살렘으로 가시는 예수님의 긴 여정은 이제 거의 끝나갈 무렵에 있다. 그러나 제자들은 자기들이 듣고 싶은 메시지만 듣기 때문에 예수께서 세 번씩이나 자신의 죽음에 대하여 말씀하심

에도 불구하고 그의 말씀을 듣지 못한다. 누가는 단순히 "제자들이 이것을 하나도 깨닫지 못하였으니"라고 기록한다.

22:21-23. 수난예고 (4). 인자는 이미 작정된 대로 십자가에 달려 돌아가시게 될 것이다.

그러면 예수님은 제자들을 포기하실 것인가? 아니다. 예수님은 부활하신 후 세 번이나 제자들을 찾아오신다.

━▶생활 속으로

☼ 예수님은 당신이 십자가에서 돌아가시게 될 것을 예고하신다. 그러나 그를 따라다니는 제자들은 그것이 무엇인지 이해하지 못한다. 제자들이 예수님이 하신 말씀을 있는 그대로 받아들이지 못하는 가장 큰 이유가 무엇일까?

누가복음 9:28-36
예수는 하나님의 아들이시다

━▶말씀 속으로◀━

9:28 이 말씀을 하신 후 팔 일쯤 되어 예수께서 베드로와 요한과 야고보를 데리고 기도하시러 산에 올라가사 29 기도하실 때에 용모가 변화되고 그 옷이 희어져 광채가 나더라 30 문득 두 사람이 예수와 함께 말하니 이는 모세와 엘리야라 31 영광 중에 나타나서 장차 예수께서 예루살렘에서 별세하실 것을 말할새 32 베드로와 및 함께 있는 자들이 깊이 졸다가 온전히 깨어나 예수의 영광과 및 함께 선 두 사람을 보더니 33 두 사람이 떠날 때에 베드로가 예수께 여짜오되 주여 우리가 여기 있는 것이 좋사오니 우리가 초막 셋을 짓되 하나는 주를 위하여, 하나는 모세를 위하여, 하나는 엘리야를 위하여 하사이다 하되 자기가 하는 말을 자기도 알지 못하더라 34 이 말 할 즈음에 구름이 와서 그들을 덮는지라 구름 속으로 들어갈 때에 그들이 무서워하더니 35 구름 속에서 소리가 나서 이르되 이는 나의 아들 곧 택함을 받은 자니 너희는 그의 말을 들으라 하고 36 소리가 그치매 오직 예수만 보이더라 제자들이 잠잠하여 그 본 것을 무엇이든지 그 때에는 아무에게도 이르지 아니하니라.

산상변화 이후에는 여러 부분에서 그리스도로서의 예수님의 정체성을 명확하게 말해 주며 입증하여 준다. (1) 예수님은 메시야이시고 하나님의 아들이시다. 베드로와 요한과 야고보가 변화된 예수님의 모습을 목격하고 하늘의 음성을 들은 것이 예수님이 하나님의 아들이심을 입증하여 주는 것이다. "이는 나의 아들 곧 택함을 받은 자니 너희는 그의 말을 들으라"(35절). (2) 예수님이 메시야 되심을 입증해 주는 장면은 귀신 들린 아이를 치유하는 장면에서 나타난다. 메시야는 인간을 해방시켜 주는 분이시다. 사람들이 하나님의 위엄을 보고 놀란다 (37-43a절). (3) 예수님이 메시야 되심을 입증해 주는 장면은 인자가 사람들의 손에 넘겨지는 장면이다 (43b-45절). (4) 예수님이 메시야 되심을 입증하여 주는 장면은 "누구든지 나를 영접하면 곧 나를 보내신 이를 [하나님] 영접함이라"는 구절에서 나타난다 (46-48절). (5) 사람들이 주의 이름으로 귀신을 내쫓는다 (49-50절). 메시야로서의 정체성을 밝혀 주는 산상변화 이야기는 출애굽기 24:12-18에서 모세가 하나님의 음성을 듣는 것과 유사한 점이 있다: 산, 구름, 팔 일, 모세, 음성, 영광. 모세의 빛나는 얼굴 등등.

9:28. "팔 일쯤"은 베드로의 고백이 있은 후 8일쯤이다. 마태(17:1-8)와 마가(9:2-8)는 엿새 후로 되어 있다. 육 일이나 팔 일은 둘 다 "일주일쯤 지나서"와 같은 표현들이다. 예수님은 베드로와 요한과 야고보를 데리고 기도하러 산에 오르신다.

9:29-30. 누가는 예수님의 용모가 마태복음에서 말한 것 같이 해 같이 빛났다고 기록하지 않고 그냥 변화되었다고만 기록한다. 모세와 엘리야가 나타나 용모가 변화된 예수님과 서로 이야기를 나누는 장면이 나온다.

유대인들은 일반적으로 모세와 엘리야가 나타나면 메시야의 시대가 시작되는 것으로 알고 있었다. 예수님은 하나님께서 보낸 사람으로서, 하늘나라에 대하여 가르치고 선포했지만, 이 세상의 세력이 그를 저항하고 배척했다.

9:31. 앞에서 언급한 바와 같이 구약성경의 전통에서는 모세와 엘리야가 함께 나타나면 메시야 시대가 새롭게 시작되는 것으로 생각했다. 장차 예수님이 예루살렘에서 돌아가시고 부활하신 후에는 새로운 메시야 시대가 시작될 것이다.

9:32. 베드로와 요한과 야고보는 졸고 있다가 예수님이 모세와 엘리야와 함께 계신 것을 본다.

9:33. 시내 산과 호렙 산은 같은 산이다. 그러나 구약성경에서는 호렙 산보다는 시내 산을 더 많이 사용한다. 모세와 엘리야가 떠나자 베드로는 변화산에 초막 셋을 짓자고 예수님에게 제안한다. 하나는 예수님을 위하여, 다른 하나는 모세를 위하여, 또 다른 하나는 엘리야를 위하여 짓자고 한다. 이러한 제안은 베드로가 아직도 예수님의 정체를 완전히 이해하지 못하고 있음을 시사해 주는 것이다.

9:34-36. 구름 속에서 "이는 나의 아들 곧 택함을 받은 자니 너희는 그의 말을 들으라"는 음성이 들려온다. 그리고 소리가 그치매 예수님의 모습만 보인다. 제자들은 이 광경을 아무에게도 말하지 아니한다.

▶생활 속으로

☼ 본문에서 누가는 하나님의 아들로서의 예수님의 정체성을 어떻게 설명하여 주고 있는가?

☼ 우리도 산 기도를 한 후 은혜를 받으면 베드로처럼 그 산에 머물고 싶은 충동을 받을 때가 종종 있다. 그러나 예수님은 산에서 내려와 간질병 환자가 있는 곳으로 가서 그를 고쳐 주어야 한다고 생각하신다. 즉, 우리가 세상 속에 들어가 은혜받은 것을 나누어야 한다고 가르쳐 주신다. 내가 은혜를 많이 받으면 제일 먼저 하는 것이 무엇인가?

누가복음 9:51—19:27
예루살렘을 향하여 가시다

▶ 주요 메시지

9:51-19:27에는 예수님이 갈릴리 지역에서 사역을 마치시고 예루살렘을 향하여 가시는 내용이 담겨 있다. 이 여정은 십자가를 지는 것에 목적이 있을 뿐만 아니라, 이스라엘 백성이 출애굽 과정을 통하여 하나님의 백성으로 성장해 갔던 것처럼, 제자들이 예수님과 함께한 여정을 통하여 하나님의 백성으로 양육을 받는 것에 초점을 둔다. 예수님의 여정의 목적은 제자를 일으켜 세우는 데 있고, 하나님을 믿는 모든 자에게 십자가를 통한 구원의 축복을 온전히 가르쳐 주시는 데 있다.

누가복음 9:57-62
나를 따르라

▶ 말씀 속으로 ◀

9:57 길 가실 때에 어떤 사람이 여짜오되 어디로 가시든지 나는 따르리이다 58 예수께서 이르시되 여우도 굴이 있고 공중의 새도 집이 있으되 인자는 머리 둘 곳이 없도다 하시고 59 또 다른 사람에게 나를 따르라 하시니 그가 이르되 나로 먼저 가서 내 아버지를 장사하게 허락하옵소서 60 이르시되 죽은 자들로 자기의 죽은 자들을 장사하게 하고 너는 가서 하나님의 나라를 전파하라 하시고 61 또 다른 사람이 이르되 주여 내가 주를 따르겠나이다마는 나로 먼저 내 가족을 작별하게 허락하소서 62 예수께서 이르시되 손에 쟁기를 잡고 뒤를 돌아보는 자는 하나님의 나라에 합당하지 아니하니라 하시니라.

누가는 짧게 다듬어 쓴 이 부분에서 세 부류의 사람들이 예수님을 따르겠다고 말하는 내용을 소개하여 준다. 한 부류의 사람은 "어떤 사람"이다. 마태복음에서 이 "어떤 사람"은 서기관이다 (마 8:19). 즉, 사회의 지도자급이며, 학식과 재력과 권력에 있는 부류의 사람이다. 이렇게 유대 사회에서 높은 지위에 있는 서기관이 예수님을 따르겠다고 말하고 있는 것이다. 그러나 예수님은 당신이 앞으로 사람들로부터 배척당할 것을 말씀하시면서 나는 머리 둘 곳이 없는데, 너희들도 그렇게 할 용의가 있는가 하고 말씀하신다. 제자직은 끊임없이 가시밭길을 걸으며 십자가의 길로 나아갈 것을 요구한다 (58절).

9:59-60. 두 번째 부류의 사람은 예수님의 제자 중 한 사람이다 (마 8:21). 제자직은 결단을 요구한다. 모세의 율법에 따르면, 죽은 부모를 장사하는 것은 자식의 책임 중에서 가장 중대한 책임 중 하나였다. 그러므로 예수님이 말씀하시는 것은 부모를 무시하라는 것이 아니다. 예수님은 율법을 폐하러 오신 분이 아니시다. 여기서 예수님이 말씀하시는 것은 삶과 죽음의 갈래길에서 선택을 분명하게 하라는 것이다.

세 번째 부류의 사람은 예수님을 따르기 전에 "나로 먼저 내 가족을 작별하게 허락"해 달라고 말하는 사람이다 (61-62절). 이것은 예수께서 옛 시대에 충성하며 살아 남아 있을 것인가? 아니면 새 시대 속에서 살 것인가를 비유적으로 말씀하시는 것이다. 제자의 도는 옛것을 뒤로 하고 새것을 택하는 것이어야 한다.

━▶ 생활 속으로

☼ 예수님은 우리를 찾아오셔서 나를 따르라고 초청하신다. 우리 각 사람은 그 초청에 응답하여야 한다. 저울 눈 1에서 10 사이에 예수님을 택하는 나의 마음은 눈금 어디쯤 될까?

☼ 내가 주님의 제자가 되는 데 있어서 내 앞을 가로막는 장애물들은 무엇인가?

누가복음 10:1-20
칠십 인을 세워서 보내시다

➡️ 말씀 속으로 ⬅️

10:1. 칠십 인을 세워 전도하도록 보내는 이야기는 누가복음에만 기록되어 있다. 왜 칠십일까? 이스라엘 지파가 장로 제도를 시작했을 때, 장로의 수가 칠십 인이었다 (출 24:1). 산헤드린이 칠십 인이었다. 세계에는 칠십 종족의 민족이 살고 있다고 생각했다 (창 10:1-31).

10:2-16. 주께서 칠십 인을 둘씩 짝을 지어 전도하게 하신다. "둘씩" 보내는 이유는 신명기 19:15에 따라 두 증인이 증거할 때에 신빙성이 있다고 생각했기 때문이다. 이것은 사도행전에서 베드로와 요한의 증거 사역, 바울과 바나바, 바나바와 마가, 바울과 실라에서 잘 나타난다.

칠십 인이 해야 할 사역은 추수할 일꾼들을 찾아내고 (2절), 하나님 나라를 전파하고, 병자를 고쳐 주는 일이다 (9절). 이러한 사역을 위해 칠십 인은 각 가정에 들어가 일대 일로 하나님의 나라를 가르치고 전파하는 방법을 택한다 (5-8절). 칠십 인의 메시지의 내용은 한결같이 "하나님의 나라가 너희에게 가까이 왔다"이다 (9절).

10:13-16. "가버나움"은 "영광받은 곳"이라는 뜻이다. 예수님 사역의 본거지이다. 예수님은 가버나움에서 많은 기적을 행하시고 말씀을 전파하시지만, 사람들이 회개하지 아니하고 예수님께 무관심을 보인다. 예수님의 사역을 반발하는 사람들이 많이 생겨나고 있음을 시사해 준다.

10:17-20. 칠십 인이 돌아와 "기뻐하며 주의 이름이면 귀신들도 우리에게 항복하더이다"라고 보고한다. 예수님은 사탄이 하늘로부터 번개 같이 떨어지는 것을 보았다고 말씀하신다. 그러나 예수님은 귀신들이 너희에게 항복하는 것으로 기뻐하지 말고 너희 이름이 하늘에 기록된 것으로 기뻐하라고 말씀하여 주신다.

누가복음 10:25-37
선한 사마리아인의 비유

━━▶ 말씀 속으로 ◀━━

10:25 어떤 율법교사가 일어나 예수를 시험하여 이르되 선생님 내가 무엇을 하여야 영생을 얻으리이까 26 예수께서 이르시되 율법에 무엇이라 기록되었으며 네가 어떻게 읽느냐 27 대답하여 이르되 네 마음을 다하며 목숨을 다하며 힘을 다하며 뜻을 다하여 주 너의 하나님을 사랑하고 또한 네 이웃을 네 자신 같이 사랑하라 하였나이다 28 예수께서 이르시되 네 대답이 옳도다 이를 행하라 그러면 살리라 하시니 29 그 사람이 자기를 옳게 보이려고 예수께 여짜오되 그러면 내 이웃이 누구니이까 30 예수께서 대답하여 이르시되 어떤 사람이 예루살렘에서 여리고로 내려가다가 강도를 만나매 강도들이 그 옷을 벗기고 때려 거의 죽은 것을 버리고 갔더라 31 마침 한 제사장이 그 길로 내려가다가 그를 보고 피하여 지나가고 32 또 이와 같이 한 레위인도 그 곳에 이르러 그를 보고 피하여 지나가되 33 어떤 사마리아 사람은 여행하는 중 거기 이르러 그를 보고 불쌍히 여겨 34 가까이 가서 기름과 포도주를 그 상처에 붓고 싸매고 자기 짐승에 태워 주막으로 데리고 가서 돌보아 주니라 35 그 이튿날 그가 주막 주인에게 데나리온 둘을 내어 주며 이르되 이 사람을 돌보아 주라 비용이 더 들면 내가 돌아올 때에 갚으리라 하였으니 36 네 생각에는 이 세 사람 중에 누가 강도 만난 자의 이웃이 되겠느냐 37 이르되 자비를 베푼 자니이다 예수께서 이르시되 가서 너도 이와 같이 하라 하시니라.

선한 사마리아인의 비유는 누가복음에만 기록되어 있다. 이 비유는 예루살렘과 여리고 사이를 잇는 험한 길에서 일어난다. 예루살렘은 해발 2,300피트나 높으며, 여리고는 해면보다 1,300피트 낮다. 그러므로 예루살렘에서 여리고에 이르는 20여 마일의 길은 3,600피트나 되는 경사가 지고 돌이 많은 험준한 길이다.

10:25-27. 어떤 율법교사(서기관)가 예수님을 시험하려고 "선생님 내가 무엇을 하여야 영생을 얻으리이까"라고 묻는다. 예수님은 율법에 무엇이라 기록되어 있으며 네가 어떻게 읽느냐고 물으신다. 율법교사는 "네 마음을 다하

며 목숨을 다하며 힘을 다하며 뜻을 다하여 주 너의 하나님을 사랑하고 또한 네 이웃을 네 자신 같이 사랑하라"고 대답한다.

10:30-36. 그 때 예수님은 한 강도 만난 사람의 이야기를 말씀해 주신다. 어떤 사람이 예루살렘에서 여리고로 가다가 강도를 만나 옷까지 빼앗기고 심하게 맞아 죽게 된 모습으로 길에 쓰러져 있었다. 그 때 한 "제사장"과 한 "레위" 사람이 그 곳을 지나게 되었는데 강도 만난 사람을 외면하고 지나간다. 그러나 "어떤 사마리아 사람"은 그를 보고 불쌍히 여겨 강도 만난 사람의 상처를 싸매고 자기 짐승에 태워 주막으로 데리고 가서 돌보아 준다. 예수님은 "네 생각에는 이 세 사람 중에 누가 강도 만난 자의 이웃이 되겠느냐"고 물으신다. 그 때 율법교사는 "자비를 베푼 자니이다"라고 대답한다. 예수님은 "가서 너도 이와 같이 하라"고 말씀하신다.

제사장은 유대교의 지도자였다. 레위인은 성전을 관리하거나 예배에 따르는 모든 일을 처리하는 사람이었다. 사마리아 사람은 예루살렘 성전에서 예배를 드리지 아니하고, 이방인과 피가 섞인 사람이라는 이유로 유대인들로부터 소외당하고 살던 사람이었다. 이러한 사마리아 사람만이 강도 만난 사람을 구해 준다.

성도는 예수님의 사랑을 본받아 이웃을 돌보고 사랑해야 한다. 예수님은 이웃을 돌보는 일(구제)이 "하늘에 둔 바 다함이 없는 보물"이라고 하셨다 (12:33). 그러한 의미에서 이 선한 사마리아인의 비유는 누가 나의 이웃인가? 라는 질문에서 "나는 누구의 이웃인가?"라는 질문을 해야 답이 나온다.

━▶ 생활 속으로
☼ 나의 이웃은 누구이며, 내가 이웃을 구체적으로 도와줄 수 있는 것으로는 무엇이 있을까?

누가복음 10:38-42
마르다와 마리아

➡ 말씀 속으로 ⬅

10:38 그들이 길 갈 때에 예수께서 한 마을에 들어가시매 마르다라 이름하는 한 여자가 자기 집으로 영접하더라 39 그에게 마리아라 하는 동생이 있어 주의 발치에 앉아 그의 말씀을 듣더니 40 마르다는 준비하는 일이 많아 마음이 분주한지라 예수께 나아가 이르되 주여 내 동생이 나 혼자 일하게 두는 것을 생각하지 아니하시나이까 그를 명하사 나를 도와 주라 하소서 41 주께서 대답하여 이르시되 마르다야 마르다야 네가 많은 일로 염려하고 근심하나 42 몇 가지만 하든지 혹은 한 가지만이라도 족하니라 마리아는 이 좋은 편을 택하였으니 빼앗기지 아니하리라 하시니라.

예수님은 선한 사마리아인의 비유로 하나님의 말씀을 제대로 듣지 못하는 율법교사를 예로 들어 말씀하셨다. 선한 사마리아인의 비유는 들은 말씀이 이웃을 사랑하는 행동으로 연결되어야 한다는 것이다.

이 부분은 예수께서 예루살렘에서 약 2마일쯤 떨어진 베다니에 살고 있는 마르다와 마리아의 집에 초청을 받아 그곳에서 유숙하는 동안 일어나는 이야기이다. 마르다에게는 마리아라는 동생이 있었다. 마르다는 예수님을 위하여 준비하는 일이 많아 분주하였고, 마리아는 예수님의 발치에 앉아 그의 말씀을 듣고 있었다 (39절). 마르다는 마리아가 자신을 도와 일하지 않는 것에 대하여 불평한다 (40절). 예수님은 마리아가 좋은 편을 택하였다고 말씀해 주신다 (42절). 이 길이 구원에 이르게 하는 길이기 때문이다.

요한복음에도 마리아와 마르다의 이야기가 나오는데 이들은 예루살렘 근교에 있는 베다니에 살던 죽은 나사로의 자매들로 소개되었다 (요 12:1-3). 마르다는 시중을 들었고, 마리아는 예수님의 발에 향유를 붓는 사람으로 소개되었다.

예수님은 왜 마리아를 두둔해 주셨을까? 예수님은 남을 섬기는 일보다 말씀을 듣는 일이 더 중요하다고 말하기 위함이었을까? 바로 앞에 나온 선한 사마리아 사람의 비유와 앞으로 나올 마리아가 예수님의 발에 향유를 붓는 이야기로 보아 행위냐 믿음이냐의 이슈가 아닌 것 같다.

참 이슈는 마리아는 오늘이 지나가면 예수님을 다시는 못 보게 될 긴박감 때문에 이 기회에 한 말씀이라도 더 들으려고 예수님과 깊은 말씀 가운데 교제를 나누었던 것이다. 이 비유에서 행함이 우선이냐 아니면 믿음이 우선이냐는 이슈에 대해 논쟁을 한다면 우리는 비유의 참뜻을 이해하지 못하게 될 것이다.

선한 사마리아인의 비유처럼 믿음은 반드시 행함으로 연결되어야 한다. 야고보서는 행함이 없는 믿음은 죽은 믿음이라고 말한다. 그리고 행함은 반드시 믿음에 기초된 행함이 되어야 한다. 하나님을 믿지 아니하는 사람도 자선 사업은 얼마든지 할 수 있고, 또 많이 하고 있다.

➡ 생활 속으로

☼ 마르다와 마리아의 이야기에서 열심히 부엌에서 일한 마르다는 칭찬을 듣지 못하고 예수님의 말씀을 듣고 있던 마리아는 칭찬을 듣는다. 말씀을 듣는 것이 섬기는 생활을 하는 것보다 더 중요하다는 뜻일까? 신앙생활에서 말씀이 더 중요한 것이지 먹는 것이 더 중요한 것이 아니라고 바꾸어 말한다면 어떤 뉘앙스가 생길까?

☼ 믿음생활은 열심히 하는데 이웃을 괴롭히고 미워하며 울리는 사람들이 있고, 믿음생활은 미지근하게 하는데 이웃의 일이라면 발벗고 나서서 돕는 사람들이 있다. 이 두 그룹의 사람들이 제자의 길을 걸으려면 무엇을 어떻게 수정하여야 할까?

☼ 나는 신앙인의 성품들을 어떻게 세워가고 있는가?

누가복음 11:1-13
기도를 가르치시다

━▶ 말씀 속으로 ◀━

11:2. "너희는 기도할 때에 이렇게 하라 아버지여." 기도는 하늘에 계신 "아버지"께 하는 것이다. 하늘에 계신 아버지는 우리를 지켜보시는 분이시다 (5-6, 9-13절). 하늘에 계신 "아버지"를 어떻게 믿고, 어떻게 부르느냐에 따라 기도하는 자와 하나님 아버지와의 관계가 나타난다. 하늘에 계신 아버지는 우리의 모든 것을 알고 계시는 분이시다. 아버지는 사랑하시는 분, 용서하시는 분, 그리고 자식이 무엇이 필요하고, 무엇을 주어야 좋을지를 알고 계신 분이시다.

"이름이 거룩히 여김을 받으시오며." "이름"은 하나님의 본성과 인격을 의미한다. 하나님의 본성은 존재 자체가 거룩하신 분이시다. 하나님은 우리와 다른 분이시다.

"나라가 임하시오며." "나라"는 하나님의 나라를 뜻한다. 하나님의 나라가 임하는 것은 하나님의 목적이 모든 창조세계 속에서 실현됨을 뜻하는 것이다. 나라가 임하는 것은 세상에서 하나님께서 구원하시는 내용을 보여달라는 간구이다. 세상에서 노예생활을 하고 있는 우리를 구원해 주고, 무거운 짐에서 벗어나게 해달라는 기도이다.

11:3. "우리에게 날마다 일용할 양식을 주시옵고." 하나님은 우리가 구하기 전에 다 아시는 분이시지만, 우리는 하나님께 우리가 필요한 것을 구체적으로 구하여야 한다. 그러나 양식은 육체를 충족시켜 주기 위한 필요한 것으로 기도하라는 것이지 우리의 욕심을 충족시키기 위해 기도하라는 것이 아니다. 일용할 양식을 달라고 하는 것은 우리의 생명이 하나님의 손에 달려있다는 사실을 인정하는 기도이다. 일용한 양식은 일상생활을 위한 필수품임을 인정하는 것이다.

11:4. "우리가 우리에게 죄 지은 모든 사람을 용서하오니 우리 죄도 사하여 주시옵고." "죄"는 원래 목표에서 빗나가는 것을 의미한다. 죄는 하나님께서 창조해 주신 의도에서 빗나가는 것을 의미한다.

그러나 여기서 언급하는 죄는 전통적인 죄 (하마르티아) 개념보다는 갚아야 할 돈을 갚지 않는 죄를 말한다 (헬라어로 오훼레마). 다시 말해, 책임을 다하지 못하는 것을 뜻한다. 하나님 앞에 나오는 사람들은 하나님이 원하시는 모든 것을 행하지 못한 죄인이라는 사실을 인정하고 하나님께 용서해 달라는 기도를 할 수밖에 없다.

"우리를 시험에 들게 하지 마시옵소서 하라." 유혹이 많은 어려운 세상에서 실패하지 않게 해달라는 뜻이다. 우리가 일상생활에서 유혹당할 때, 유혹을 극복할 수 있는 지혜와 힘을 달라는 기도이다. 주의 기도는 이 어려운 세상에서 우리가 하나님의 뜻에 따라 살아가는 동안 시험에 빠지지 않도록 도와달라는 기도이다.

11:5-13. 그러면 어떠한 마음의 자세로 기도해야 하는가? 한밤중에 벗이 찾아온 비유는 누가복음서에만 나오는 것인데, 끈질긴 간구의 기도가 하나님의 보좌를 움질일 수 있음을 말해 주는 것이다. 기도할 때 성령을 구하고, 찾고, 두드리는 사람은 응답받게 될 것이다. 이 동사들은 모두 현재 명령형으로 되어 있어 기도를 끈질기게 그리고 점점 강도 있게 계속 진행하라는 뜻이다.

11:11-13. 이 구절들은 응답해 주시는 하나님에 대하여 말하여 주는 것이다. 육신의 아버지도 자식에게 좋은 것으로 주는데 하나님 아버지께서는 더 좋은 것을 주시지 아니하겠느냐는 것이다. 그러므로 기도의 응답은 반드시 있을 것이라는 사실을 여기서 말해 준다. 우리가 기도하는 것이 이루어지지 아니한다고 생각이 들 때는 하나님께서 우리가 더 필요로 하는 것을 아시고 그것까지 다 충족시켜려고 하시기 때문이다.

누가복음 12:4-34
믿는 사람의 가치관

➡️ 말씀 속으로 ⬅️

누구를 두려워해야 하는가? 몸을 죽이는 사람을 두려워하지 말라. 오히려 영을 죽이는 자를 두려워하라. 종교 지도자들이 예수님을 잡아 죽일 수 있다. 그러나 그들이 하나님의 구원계획을 무효화시키지는 못할 것이다.

박해는 올 것이다. 박해를 받을 때 예수님을 시인하고 부인하는 것이 심판을 좌우하게 될 것이다. 두려워하지 말라 (4-7절). 두려워하지 말고 예수님을 시인하라 (8-9절).

하나님을 믿는 사람들도 고난을 겪는다. 그러나 그런 고난이 하나님의 관심 밖에서 이루어지거나, 하나님의 구원사역을 무효화시키지 못한다.

12:8-9. 하나님을 두려워하는 사람에게는 어떤 모습이 나타나는가? 그들은 사람을 두려워하지 아니한다. 사람을 두려워하면 예수님을 부인하게 된다. "누구든지 사람 앞에서 나를 시인하면 인자도 하나님의 사자들 앞에서 그를 시인할 것"이다.

12:10-12. "누구든지 말로 인자를 거역하면 사하심을 받으려니와 성령을 모독하는 자는 사하심을 받지 못하리라." 이 구절은 예수님과 성령을 분리해서 말하는 것이 아니다. 이것은 예수님이 누구인지를 모르는 가운데 지은 죄는 용서받을 것이다. 그러나 예수님을 알면서도, 성령의 역사를 알면서도 계속 짓는 죄는 용서를 받지 못한다는 것이다. 이것은 박해당할 때에 배교하는 행위를 의미한다. 박해당할 때 성령을 모독하지 말라. 성령을 믿으라. 성령께서 인도해 주시고 힘을 주실 것이다 (11-12절; 21:14-15).

"모독한다." 글자 그대로는 "힘이 없게 한다"(render to powerless)라는 뜻이다. 그러므로 성령을 모독한다는 것은 개인의 삶 속에서 성령의 역사를 힘 없게 만드는 처사를 의미한다. 박해가 임할 때 이렇게 되기가 쉽다. 지상에서 받는 심판은 두려워하지 말라. 그러나 마지막 날에 받을 영원한 심판을 두려워하라.

12:13-15. 무리 중에 한 사람이 자기 형을 명하여 유산을 나누게 해달라고 예수님에게 요청한다. 율법에 따르면 첫아들은 다른 자녀보다 유산의 두 배를 받을 수 있다 (신 21:17). 만약에 아버지에게 아들이 없으면 딸들이 유산을 받을 수 있다 (민 27:1-11). 그러나 딸들은 아버지와 같은 지파 사람들과 결혼해야 한다. 이는 아버지의 지파에 경제적인 손실을 입히지 않기 위함이다 (민 36:7-9).

그러나 유산을 나누는 일은 예수님과는 아무 관계가 없는 일이다. 그것은 재판장이 하는 일이다. 이것을 아시는 예수님은 재판장의 역할도 거부하시고, 그의 요청을 거부하신다. 삶의 가치는 부와 재물로 측정되는 것이 아니기 때문이다.

12:16-21. 인간은 경제적인 면에서나 정치적인 면에서 안정을 찾기 원한다. 내가 곡식 쌓아 둘 곳이 없으니 어찌할까? 우리가 물질을 어떻게 다루느냐가 하나님과의 관계도 좌우할 때가 있다. 어리석은 사람은 자기의 계획에 하나님을 전혀 포함시키지 않고 있다. 그러나 하나님께서 "오늘 밤에 네 영혼을 찾으리니 그러면 네 준비한 것이 누구의 것이 되겠느냐" 하고 물으신다. 죽으면 모든 재산을 놔두고 홀로 가야 한다. 하나님은 이 부자를 어리석은 자라고 말씀하신다. 시편 기자는 말한다. "어리석은 자는 그의 마음에 이르기를 하나님이 없다 하는도다."

12:22-34. 예수님은 제자들에게 "목숨을 위하여 무엇을 먹을까 몸을 위하여 무엇을 입을까 염려하지 말라"고 하신다. 먹고 마시는 것은 사람이 생명을 유지하기 위한 필수품이다. 그런데 예수님은 왜 이렇게 말씀하는 것일까? 성

도는 세상적인 것을 추구하는 사람들이 아니라는 것을 강조하는 것이다. 성도는 세상적인 추구를 하나님의 나라와 그의 의를 추구하는 것으로 대치해야 한다. 예수님은 그의 제자들이 염려하지 말아야 하는 이유를 말씀하여 주신다.

12:23-24. 목숨은 음식보다 중하고 몸은 의복보다 중하다. 하나님의 창조 질서에 맡기면 사람의 필수품은 해결난다는 뜻이다. "까마귀를 생각하라 심지도 아니하고 거두지도 아니하며 골방도 없고 창고도 없으되 하나님이 기르시나니 너희는 새보다 얼마나 더 귀하냐."

12:25-26. "또 너희 중에 누가 염려함으로 그 키를 한 자라도 더할 수 있느냐." 염려함으로써 성취할 수 있는 것은 아무 것도 없기 때문이다.

12:31. 우리는 "먼저 그의 나라와 그의 의를 구하"여야 한다. "의"는 하나님과 관계를 맺으며 하나님의 뜻에 절대적으로 순종하는 삶이다. 하나님의 섭리를 신뢰한다는 것은 오늘 일하지 말라는 뜻이 아니다. 하나님의 섭리를 믿어도 오늘 씨를 뿌리고, 거두고, 창고에 모아두고, 길쌈을 해야 한다. 그러나 하나님의 섭리를 믿는 사람들은 그들의 삶이 이러한 것들에 의존되어 있지 않다는 것을 알아야 한다.

그래서 예수님은 하나님께서 우리에게 모든 것을 제공하여 주는 세상을 자세히 바라보고 우리가 고전하며 생활하고 있는 세상과 자세히 비교해 보라고 하신다. 예수님은 우리에게 염려하지 말라고 말씀하신다. 하나님을 신뢰하는 사람들은 내일도 하나님이 우리와 함께 하시리라는 사실을 알고 있기 때문이다. 성도는 두려워하지 말아야 하고 (32절), 환대를 베풀며 살아야 한다 (33절).

▶생활 속으로

☼ 예수님은 목숨을 위하여 무엇을 먹을까 무엇을 입을까 염려하지 말라고 하신다. 어떻게 하면 이러한 삶이 가능할까?

누가복음 13:1-30
성도들에게서 나타나야 하는 모습

➡️ 말씀 속으로 ⬅️

13:1-5. 하나님의 의를 구하는 성도의 모습은 회개하는 데서 나타난다. 구원을 받으려면 반드시 회개하여야 한다. 예수님은 회개에 대하여 두 예화를 드신다. 하나는 빌라도가 유대인에게 피를 흘리게 한 것이고 (1-3절), 다른 하나는 실로암의 망대가 무너져 18명이 죽게 되는 이야기이다. 이 이야기들은 둘 다 "너희도 만일 회개하지 아니하면 다 이와 같이 망하리라"(3, 5절)는 내용으로 끝을 맺는다.

13:6-9. 회개는 지금 해야 한다. 한 사람이 포도원에 무화과나무를 심었는데 그 열매를 추수하지 못했다. 삼 년 동안 기다렸는데도 열매를 추수하지 못했다. 어떻게 해야 할 것인가? 청지기가 한 해만 더 시간을 달라고 주인에게 요청한다. 그래도 열매를 맺지 않으면 찍어버리자고 제안한다. 이슈는 하나님께서 죄인에게 회개할 기회를 주기 위하여 언제까지 기다려야 하는가이다.

13:18-21. 하나님의 의를 구하는 사람의 모습은 회개하는 데서 나타날 뿐만 아니라 그의 믿음이 성장하고 믿음의 열매를 맺는 데서 나타난다. 이 진리를 가르쳐 주시기 위하여 예수님은 겨자씨와 누룩의 비유를 말씀하여 주신다.

겨자씨 비유는 작은 겨자씨가 땅에 떨어져 자라나면 9피트 나무가 되는 것처럼, 하나님 나라는 자라게 되어 있다는 것이다. 나무가 자라나면 공중의 새들이 그 가지에 깃들이게 되어 있다. 하나님 나라는 미래형이 아니라 지금 각 개인의 삶에 임재하고 계시다.

13:20-21. "하나님의 나라는 마치 여자가 가루 서 말 속에 갖다 넣어 전부 부풀게 한 누룩과 같으니라." 겨자씨와 누룩이 함께 나오는 이유는 둘 다 시작은 미약하나 결과는

크다는 사실을 말해 주는 것이다. 여기에 소개된 서 말의 양은 150명 분에 해당한다. 하나님 나라는 누룩과 같이 눈에는 보이지 않으나 힘 있는 것이고, 그 누구도 인간의 힘으로 막을 수 없는 것이다.

13:22-30. 회개한 사람들은 좁은 문으로 들어가려고 노력하는 사람들이다. 회개한 사람들이라고 하더라도, 구원의 길을 따라 달려가는 사람은 그리 많지 아니하다. 구원의 길은 좁은 문으로 들어가는 길이기 때문이다. 누가복음은 좁은 문을 방문(door)의 개념으로 사용하고, 마태복음에서는 좁은 문을 대문(gate)의 개념으로 사용한다. 그러나 이것은 대문이든 안방문이든 길(way)로 생각하는 것이 제일 문안할 것이다. 성경에는 두 개의 문, 두 갈래의 길, 두 방향, 두 부류의 무리가 나온다.

성경에서는 왜 천국으로 가는 길을 좁은 길로 묘사하고 있는 것일까? 첫째로, 좁은 길로 가는 길은 사람들로부터 배척을 당할 뿐만 아니라 박해받는 길이기 때문이다. 그래서 때로 우리는 어려운 선택을 해야 하고, 어려운 결정을 해야 하기 때문이다. 둘째로, 하나님의 뜻만을 선택해야 하기 때문이다. 셋째로, 좁은 문은 생명의 문이요, 넓은 문은 멸망으로 인도하는 문이기 때문이다. 넷째로, 좁은 길이 천국으로 인도하는 길이기 때문이다.

13:26-29. "우리는 주 앞에서 먹고 마셨다"고 말할 때가 오지만, 주님은 우리를 모른다고 할 때도 올 것이다. 주께서 나를 바라보시는 눈길은 어떠한 눈길일까?

13:30. "보라 나중 된 자로서 먼저 될 자도 있고 먼저 된 자로서 나중 될 자도 있느니라 하시더라." 이 구절은 자신이 좁은 문을 통하여 이미 천국에 들어오도록 초청을 받았다고 착각하는 사람들에게 예수께서 경고하여 주시는 구절이다. 구원은 하나님이 결정하시는 것이지 내 임의로 결정하는 것이 아니라는 것이다.

누가복음 14:15-35
제자가 되는 길

➡️ 말씀 속으로 ⬅️

14:15-24. 제자는 예수님의 초청에 응답하고 예수님을 따르는 사람이다. 예수님은 하늘 잔치를 베풀고 많은 사람을 그의 잔치에 초청하신다. 그러나 초대받은 사람들은 하나같이 핑계를 대고 사양한다. 한 사람은 나는 밭을 샀으매 아무래도 나가 보아야 하겠으니 양해하여 달라고 한다. 한 사람은 나는 소 다섯 겨리를 샀으매 시험하러 가니 양해하여 달라고 한다. 한 사람은 나는 장가 들었으니 가지 못하겠노라고 한다.

종은 돌아와 자신이 들은 대로 주인에게 전달하여 준다. 이에 집 주인이 노하여 그 종에게 빨리 시내의 거리와 골목으로 나가서 가난한 자들과 몸 불편한 자들과 맹인들과 저는 자들을 데려오라고 명하신다.

큰 길과 울타리에서 사는 사람들은 사회 저변에 살고 있던 사람들이다. 그들은 경제, 직업, 종교적으로 부정하다고 판정받은 사람, 그외 다른 사정으로 인해 권력과 특권과는 거리가 먼 소외된 삶을 살고 있던 사람들이다. 성 밖은 멸시받고 부정했던 사람들이 거하는 곳이다. 특권층의 사람들만이 성 안에서 생활하고 있었다. 이 소외당하고 살고 있던 사람들은 하늘나라의 잔치 초청에 금방 응답한다.

"어떤 사람"은 예수님 혹은 하나님이시다.
"손님"은 혼인 잔치에 초대되는 사람들이다.
"종"은 예언자이다.
"초청받은 이"는 정통 유대인들이다.

이 잔치에로의 초대는 구원으로의 초대요, 영생으로의 초대요, 하나님의 백성이 되는 영광스런 특권으로의 초대를 말하는 것이다. 그리고 이 초대권은 예수 그리스도의 이름으로 우리에게 거저 주어졌다는 것이다.

14:25-35. 제자는 예수님을 따르기 위해 전적으로 헌신하는 사람이다. 큰 잔치에서 개인의 소유와 가족관계가 그를 하나님 나라의 잔치에 참여하지 못하게 하는 저해 요소가 되었다면, 여기서는 부모와 처자와 형제와 자매와 자기 목숨이 예수님의 제자가 되는 데 저해 요소가 될 수 있다.

14:26. 그래서 제자가 되는 첫 번째 조건은 "자기 부모와 처자와 형제와 자매와 더욱이 자기 목숨까지 미워하"여야 한다. 이 말씀은 식구를 미워하라는 것이 아니다. 만약에 예수님을 따르는 데 있어서 갈등이 생긴다면, 그 갈등에 대한 응답으로서 제자의 도가 인간이 가장 성스럽게 생각하는 가족관계보다 앞서야 한다는 것이다.

14:27. 제자가 되는 두 번째 조건은 "자기 십자가를 지고" 예수님을 따르는 것이다 (9:23).

14:33. 제자가 되는 세 번째 조건은 "자기의 모든 소유를 버리"는 것이다.

14:34-35. "소금이 좋은 것이나 소금도 만일 그 맛을 잃으면 무엇으로 짜게 하리요 땅에도, 거름에도 쓸 데 없어 내버리느니라 들을 귀가 있는 자는 들을지어다 하시니라."

제자의 정의는 예수님과의 관계로 정의된다는 뜻이다. 예수님과의 관계가 끊어지게 되면 소금이 소금의 맛을 잃는 것과 마찬가지이다.

➡ 생활 속으로

☼ 평생에 한 번밖에 없는 잔치에 내가 초청을 받는다면 나는 어떻게 응답하리라고 생각하는가?
☼ 지금 나의 삶의 우선순위는 어떻게 세워져 있는가?
☼ 예수님은 자기 십자가를 지지 않으면 제자가 될 수 없다고 하신다. 십자가를 지는 것은 무엇을 의미하는가?
☼ 주님께 헌신하기 위하여 내가 좋아하는 것을 기권한 것이 있는가? 그것이 무엇인가?

누가복음 15:1-7
잃은 양의 비유

➡️ 말씀 속으로 ⬅️

15:1 모든 세리와 죄인들이 말씀을 들으러 가까이 나아오니 2 바리새인과 서기관들이 수군거려 이르되 이 사람이 죄인을 영접하고 음식을 같이 먹는다 하더라 3 예수께서 그들에게 이 비유로 이르시되 4 너희 중에 어떤 사람이 양 백 마리가 있는데 그 중의 하나를 잃으면 아흔아홉 마리를 들에 두고 그 잃은 것을 찾아내기까지 찾아다니지 아니하겠느냐 5 또 찾아낸즉 즐거워 어깨에 메고 6 집에 와서 그 벗과 이웃을 불러 모으고 말하되 나와 함께 즐기자 나의 잃은 양을 찾아내었노라 하리라 7 내가 너희에게 이르노니 이와 같이 죄인 한 사람이 회개하면 하늘에서는 회개할 것 없는 의인 아흔 아홉으로 말미암아 기뻐하는 것보다 더하리라.

13장과 14장에서는 회개에 관한 내용들을 다루었다. 15장에서는 죄인이 회개하면 어떻게 되는가를 말해 준다. 예수님은 이 죄인들과 어떠한 관계가 있는가 (1, 2절)? 바리새인들은 그들의 전통을 따르지 아니하는 사람들을 죄인으로 취급한다. 사두개인은 율법을 따르지 아니하는 사람을 죄인으로 생각한다. 그러면 예수님은 누구를 죄인으로 생각하실까?

누가복음 15장에서는 길을 잃은 한 마리 양도 죄인이요, 드라크마(동전)를 잃은 사람도 죄인이요, 의도적으로 길을 잃은 탕자도 죄인이다. 즉, 모든 사람이 하나님 앞에서 다 죄인이다. 그래서 15장의 세 비유는 모두 잃고, 찾고, 찾아낸 것이 중심으로 되어 있다 (6, 9, 32절).

15:1-2은 15장의 서론 역할을 하는 것이며, 죄인의 특징을 알려 주는 것이다. 죄인은 회개하기 전까지는 항상 하나님 앞에서 잃어버린 죄인이다.

세리와 죄인들은 예수님의 말씀을 들으려고 예수께 나오는 반면에 바리새인들과 서기관들은 죄인들이 예수님과 함께 먹는 것에 대하여 수군거린다 (수군거리는 것은 불평하는 것과 같은 뜻의 단어이다). 우리는 여기에서 하나님의 말씀 선포에 대한 두 가지 반응을 확인할 수 있다. 하나님의 말씀을 듣고 회개하는 사람들이 있는가 하면, 자신의 죄를 인정하지도 않고 전혀 깨닫지 못하는 사람들이 있다.

15:3-7. 잃어버린 한 마리 양의 비유는 100마리의 양 가운데 한 마리가 길을 잃고 방황해도 목자는 그 길 잃은 양 한 마리를 찾아 나선다는 것이다. 목자는 길 잃은 양 한 마리에 깊은 관심을 기울이기 때문이다. 그리고 그 양을 찾아냈을 때는 이웃과 함께 즐거워한다는 것이다.

15:7. 예수님은 죄인을 회개시키어 구원하여 주시기 위하여 이 땅에 오셨다. 하늘에서는 한 사람이 회개하면 그만큼 기쁜 일이다. 의로운 사람들끼리 식탁을 함께 하는 과정에서 죄인들이 소외를 당하는 모습이 그려져 있다면, 이것은 하나님 나라에서 이슈가 되는 것이다.

➡ 생활 속으로

☼ 길 잃은 양 한 마리는 무의식 중에 길을 잃었을지도 모른다. 나는 신앙생활을 하는 과정에서 어느 때 무의식 중에 죄를 짓게 되는가?

누가복음 15:8-10
잃은 드라크마의 비유

➡ 말씀 속으로 ◀

15:8 어떤 여자가 열 드라크마가 있는데 하나를 잃으면 등불을 켜고 집을 쓸며 찾아내기까지 부지런히 찾지 아니하겠느냐 9 또 찾아낸즉 벗과 이웃을 불러 모으고 말하되 나와 함께 즐기자 잃은 드라크마를 찾아내었노라 하리라 10 내가 너희에게 이르노니 이와 같이 죄인 한 사람이 회개하면 하나님의 사자들 앞에 기쁨이 되느니라.

이 비유는 어떤 여자가 열 드라크마가 있는데 그중 하나를 잃으면 등불을 켜고 집안을 쓸며 부지런히 찾는다는 이야기이다. 이 비유도 드라크마(동전)를 잃고 (lost), 찾고 (search), 찾아낸 것(found)이 중심으로 되어 있는 내용이다. 드라크마는 헬라의 화폐 단위이며 은 동전이다. 한 드라크마는 한 데나리온이며, 하루 품삯에 해당한다. 그러므로 열 드라크마는 얼마 되지 않는 액수이지만 그녀에게는 저축 전체를 의미했다.

양 99마리를 들에 놓고 한 마리를 찾는 것처럼, 동전을 찾는 여자도 얼마 되지 않는 액수를 찾아내기까지 찾지 않겠느냐는 이야기이다. 그가 찾아낸즉 이웃과 함께 즐거워하지 않겠는가!

15:10. "내가 너희에게 이르노니 이와 같이 죄인 한 사람이 회개하면 하나님의 사자들 앞에 기쁨이 되느니라." 하나님은 사회에서 사람들이 보잘 것 없는 사람이라고 단정할지라도 그 영혼을 귀하게 여기고 그가 회개할 때까지 끝까지 찾으신다. 그리고 하나님 나라에서 한 영혼이 회개하면 그만큼 기뻐한다. 그리고 잃은 양의 비유나 잃은 동전의 비유는 의로운 사람들도 이 기쁜 일에 동참하기를 초청한다.

하나님께서 우리에게 생명을 허락하셨을 때 우리는 분명히 쓰여질 목적과 가치를 지니고 태어났다. 그런데 우리가 그것을 알지 못하고 하나님을 떠나 아무런 의미도 없는 삶을 살아갈 때 하나님이 우리를 찾으셔서 그 귀중한 가치를 다시 깨닫게 하여 주신다.

➡ 생활 속으로

☼ 우리는 부주의할 때, 동전을 잃게 된다. 나는 신앙생활을 하는 과정에서 어느 때 부주의하게 되는가?

☼ 지금까지 내가 가장 소중하게 여기던 것을 잃은 경험이 있었으면, 그것이 무엇이었는가?

누가복음 15:11-32
잃은 아들의 비유

▶ 말씀 속으로 ◀

15:11 또 이르시되 어떤 사람에게 두 아들이 있는데 12 그 둘째가 아버지에게 말하되 아버지여 재산 중에서 내게 돌아올 분깃을 내게 주소서 하는지라 아버지가 그 살림을 각각 나눠 주었더니 13 그 후 며칠이 안 되어 둘째 아들이 재물을 다 모아 가지고 먼 나라에 가 거기서 허랑방탕하여 그 재산을 낭비하더니 14 다 없앤 후 그 나라에 크게 흉년이 들어 그가 비로소 궁핍한지라 15 가서 그 나라 백성 중 한 사람에게 붙여 사니 그가 그를 들로 보내어 돼지를 치게 하였는데 16 그가 돼지 먹는 쥐엄 열매로 배를 채우고자 하되 주는 자가 없는지라 17 이에 스스로 돌이켜 이르되 내 아버지에게는 양식이 풍족한 품꾼이 얼마나 많은가 나는 여기서 주려 죽는구나 18 내가 일어나 아버지께 가서 이르기를 아버지 내가 하늘과 아버지께 죄를 지었사오니 19 지금부터는 아버지의 아들이라 일컬음을 감당하지 못하겠나이다 나를 품꾼의 하나로 보소서 하리라 하고 20 이에 일어나서 아버지께로 돌아가니라 아직도 거리가 먼데 아버지가 그를 보고 측은히 여겨 달려가 목을 안고 입을 맞추니 21 아들이 이르되 아버지 내가 하늘과 아버지께 죄를 지었사오니 지금부터는 아버지의 아들이라 일컬음을 감당하지 못하겠나이다 하나 22 아버지는 종들에게 이르되 제일 좋은 옷을 내어다가 입히고 손에 가락지를 끼우고 발에 신을 신기라 23 그리고 살진 송아지를 끌어다가 잡으라 우리가 먹고 즐기자 24 이 내 아들은 죽었다가 다시 살아났으며 내가 잃었다가 다시 얻었노라 하니 그들이 즐거워하더라 25 맏아들은 밭에 있다가 돌아와 집에 가까이 왔을 때에 풍악과 춤추는 소리를 듣고 26 한 종을 불러 이 무슨 일인가 물은대 27 대답하되 당신의 동생이 돌아왔으매 당신의 아버지가 건강한 그를 다시 맞아들이게 됨으로 인하여 살진 송아지를 잡았나이다 하니 28 그가 노하여 들어가고자 하지 아니하거늘 아버지가 나와서 권한대 29 아버지께 대답하여 이르되 내가 여러 해 아버지를 섬겨 명을 어김이 없거늘 내게는 염소 새끼라도 주어 나와 내 벗으로 즐기게 하신 일이 없더니 30 아버지의 살림을 창녀들과 함께 삼켜 버린 이 아들이 돌아오매 이를 위하여 살진 송아지를 잡으셨나이다 31 아버지가 이르되 얘 너는 항상 나와 함께 있으니 내 것이 다 네 것이로되 32 이 네 동생은 죽었다가 살아났으며 내가 잃었다가 얻었기로 우리가 즐거워하고 기뻐하는 것이 마땅하다 하니라.

탕자의 비유도 탕자가 회개하고, 아버지가 아들을 잃고 (lost), 찾고 (search), 끝까지 찾아내는 것(found)이 중심 내용이다. 이 비유에는 세 인물이 등장한다: 아버지와 탕자와 큰아들이다. 그리고 이 비유에는 집 나갔던 작은 아들에게 하는 아버지의 말이 있고 (12-24절), 집에 있던 큰 아들에게 하는 말이 있다 (25-32절).

15:12-24. 탕자의 비유는 복음서에서 누가복음에만 기록되어 있는 비유이다. 둘째 아들은 아버지의 재산 중에서 자신에게 돌아올 분깃을 달라고 아버지에게 요청한다. 신명기 21:17에 따르면, 재산을 상속할 때 장자에게는 전 재산의 3분의 2를, 차자에게는 3분의 1을 유산으로 주게 되어 있다. 그러므로 아버지는 둘째 아들에게 그의 분깃이 되는 재산의 3분의 1을 주었을 것이다. 그리고 분깃을 받은 둘째 아들은 먼 나라로 간다.

15:12-19. 둘째 아들은 가족과의 관계를 끊고 있으며, 아버지가 이미 돌아가신 것처럼 행동한다. 아버지의 재산을 물려받은 둘째 아들이 그 재산을 탕진하며 허랑방탕한 (아소토스, 같은 단어가 엡 5:18, 술취함; 딛 1:6, 반항하며 불순종하는 삶; 벧전 4:3 향락으로 번역되었다.) 생활을 하며 자신이 누구인지를 알지 못하며 생활하게 된다. 이것은 잃은 자의 모습이다. 탕자는 허랑방탕한 생활로 재산을 다 탕진하고 자신이 살던 이국땅에서 돼지가 먹는 쥐엄 열매를 먹으며 연명하는 신세가 되었다.

둘째 아들은 고난 가운데서 "스스로 돌이키게" 된다. 글자 그대로는 제정신이 들었다는 뜻이다 (came to himself). 이것은 자신을 찾아낸 모습니다. 둘째 아들은 유대인 전통에서 벗어난 생활을 하고 있었다. 둘째 아들이 집으로 다시 돌아오는 데는 다섯 단계를 거치는 모습을 볼 수 있다.

첫째로, 둘째 아들은 스스로 돌이켜 "내 아버지에게는 양식이 풍족한 품꾼이 얼마나 많은가" 하고 제정신으로 돌아온다. 제정신으로 돌아온다 함은 회개하는 모습이다. 둘째로, 일어나 아버지께로 간다. 삶의 방향을 바꾸는 모습이다. 셋째로, 하늘과 아버지께 죄를 지었음 고백한다. 이것도 회개하는 모습이다. 넷째로, "나를 품꾼의 하나로 보소서" 하고 자신을 낮추는 모습이다. 다섯째로, 아버지는 무조건 잃었던 아들을 받아주신다. "내 아들은 죽었다가 다시 살아났으며 내가 잃었다가 다시 얻었노라 하니 그들이 즐거워하더라."

15:25-32. 25절에 처음으로 큰아들이 등장한다. 큰아들이 밭에 있다가 집에 돌아왔을 때, 작은 아들에게 살진 송아지를 잡아서 잔치를 베푸는 아버지의 모습에 화가 나서 그는 집에 들어가기를 거부한다. "내가 여러 해 아버지를 섬겨 명을 어김이 없거늘 내게는 염소 새끼라도 주어 나와 내 벗으로 즐기게 하신 일이 없더니"라고 불평한다. 이때 아버지가 큰아들에게 "너는 항상 나와 함께 있으니 내 것이 다 네 것이"라고 말하고, 네 동생은 죽었다가 살아났으며 내가 잃었다가 얻었기로 우리가 즐거워하고 기뻐하는 것이 마땅하다고 말씀하신다.

➞ 생활 속으로

☼ 바리새인들과 서기관들에게 죄인은 전통과 율법을 따르지 아니하는 자들이다. 나는 죄인을 어떻게 정의하는가?

☼ 내가 마음 속으로 죄인이라고 생각하는 사람과 내 자녀들이 식사를 같이 한다면, 나의 반응이 어떻게 나타나리라고 생각하는가?

☼ 탕자의 비유는 의도적으로 죄를 짓는 사람을 말하는 것일지도 모른다. 나는 신앙생활을 하는 과정에서 어느 때 알면서도 죄를 짓게 되는가?

☼ 나의 모습은 큰아들에 가까운가? 아니면 작은 아들에 가까운가?

누가복음 16:19-31
부자와 나사로

━▶ 말씀 속으로 ◀━

16:19 한 부자가 있어 자색 옷과 고운 베옷을 입고 날마다 호화롭게 즐기더라 20 그런데 나사로라 이름하는 한 거지가 헌데 투성이로 그의 대문 앞에 버려진 채 21 그 부자의 상에서 떨어지는 것으로 배불리려 하매 심지어 개들이 와서 그 헌데를 핥더라 22 이에 그 거지가 죽어 천사들에게 받들려 아브라함의 품에 들어가고 부자도 죽어 장사되매 23 그가 음부에서 고통중에 눈을 들어 멀리 아브라함과 그의 품에 있는 나사로를 보고 24 불러 이르되 아버지 아브라함이여 나를 긍휼히 여기사 나사로를 보내어 그 손가락 끝에 물을 찍어 내 혀를 서늘하게 하소서 내가 이 불꽃 가운데서 괴로워하나이다 25 아브라함이 이르되 얘 너는 살았을 때에 좋은 것을 받았고 나사로는 고난을 받았으니 이것을 기억하라 이제 그는 여기서 위로를 받고 너는 괴로움을 받느니라 26 그뿐 아니라 너희와 우리 사이에 큰 구렁텅이가 놓여 있어 여기서 너희에게 건너가고자 하되 갈 수 없고 거기서 우리에게 건너올 수도 없게 하였느니라 27 이르되 그러면 아버지여 구하노니 나사로를 내 아버지의 집에 보내소서 28 내 형제 다섯이 있으니 그들에게 증언하게 하여 그들로 이 고통 받는 곳에 오지 않게 하소서 29 아브라함이 이르되 그들에게 모세와 선지자들이 있으니 그들에게 들을지니라 30 이르되 그렇지 아니 하니이다 아버지 아브라함이여 만일 죽은 자에게서 그들에게 가는 자가 있으면 회개하리이다 31 이르되 모세와 선지자들에게 듣지 아니하면 비록 죽은 자 가운데서 살아나는 자가 있을지라도 권함을 받지 아니하리라 하였다 하시니라.

예수님은 지금 부자와 나사로의 비유를 바리새인에게 말씀하고 계시다. 앞 장에서 바리새인들은 죄인들을 받아들이기 힘들어 했기 때문이다. 이 비유는 가난한 사람들이 사회에서 소외당한 채 생활하고 있는 모습에 대하여 말하고 있다. 이 이야기 속에서 부자가 심판을 받는데, 그는 재물을 많이 가지고 있기 때문에 심판을 받는 것이 아니라, 모세와 선자자들이 가르쳐 준 대로 그 재물을 사용하지 않기 때문이다. 즉, 가난한 사람들에 무관심했기 때문이다.

16:19. "자색 옷과 고운 베옷을 입고 날마다 호화롭게 즐기더라." 자색 옷은 왕이 입던 비싼 옷이었고, 고운 베옷은 사치스러운 내의였다. 둘 다 부를 상징하는 표현이다.

16:20-21. "나사로"라는 이름은 "하나님은 나의 도움이시다"라는 뜻이다. 거지 나사로는 헌데 투성이로 부자의 대문 앞에 버려진 채 그 부자의 상에서 떨어지는 것으로 연명하고 있으며, 심지어 개들이 와서 그 헌데를 핥더라고 그의 모습을 묘사하고 있다.

"상에서 떨어지는 것으로 배불리려 하매"는 일반적으로 동물들을 먹일 때 사용하는 단어이다. 유대인들은 전염병을 염려해서 상에서 떨어지는 음식을 먹으면 안 되었다.

16:22-24. 나사로는 부자집 문 앞에서 굶주림과 병으로 인하여 죽고, 부자도 죽는다. 나사로가 죽은 후 천사들에게 받들려 아브라함의 품에 들어가고 부자도 죽어 장사된다.

"아브라함의 품은" 의인들이 영원히 거처하는 천국이다.

"음부"는 사람들이 죽으면 거처하는 곳을 말한다.

16:24. 부자가 아브라함을 아버지라고 부르는 이유는 자신이 아브라함의 자손이라는 뜻이고, 아브라함으로부터 도움을 받을 수 있는 존재라는 뜻이다. 그래서 부자는 아브라함에게 "나를 긍휼히 여기사 나사로를 보내어 그 손가락 끝에 물을 찍어 내 혀를 서늘하게 하소서 내가 이 불꽃 가운데서 괴로워하나이다"라고 요청한다.

16:25-28. "고통 받는 곳"을 헬라어로 "바사노스"라고 하는데, 이 단어는 원래 감옥에 갇힌 사람들을 고문하는 것으로 사용되었다. 같은 맥락에서 누가복음에서는 지옥에서 고문당하는 내용으로 표현하고 있다. 부자가 간청한 것은 받아들여지지 않는다. 모세(율법)와 선지자들이 이것을 이미 말했기 때문이다 (24:25-27, 44-47; 행 2:16-36). 모세와 선지자들이 물질 욕심에 사로잡혀 있는 사람들을

설득시킬 수 없다면 나사로를 보낸다고 해서 효과가 나타나리라는 보장은 없다는 것이다.

16:29. 아브라함의 대답은 그들에게 모세와 선지자들이 있다는 것이다. 즉, 하나님의 말씀인 성경이 그들에게 있기에 성경 말씀을 들으면 된다는 것이다.

16:30. 자기 형제들은 회개하고 그들의 삶의 양식을 180도 바꾼다는 것은 힘든 일이라는 것이다. 죽은 후 자기와 같이 고통을 당하는 사람이 형제들에게 가서 말을 해주면 믿게 되리라는 것이다.

16:31. 그러나 예수님의 대답은 모세와 선지자들에게 듣지 아니하면 죽은 자 가운데 살아나는 자가 말을 한다고 하더라도 듣지 아니할 것이라는 것이다. 아브라함을 아버지라고 부르는 자들은 성경 말씀에 귀를 기울여야 하며 아브라함과 같은 삶을 살아야 한다. 다시 말해서, 이 부자는 친절과 동정을 그의 문 앞에서 구걸하던 거지 나사로에게도 베풀었어야 한다.

바리새인들은 돈을 사랑했고, 가난한 사람들을 소홀히 대했고, 하나님의 뜻을 거역한 사람들이다.

➡ 생활 속으로

☼ 부자와 나사로의 이야기는 소외당하고 있는 나사로를 부자가 돌보지 않고 내버려 둔 것을 비유로 하여 이야기하는 것이다. 하늘나라는 경제적인 이슈일까? 부자는 하늘나라에 들어가지 못할까? 부자의 정의는 무엇인가?

☼ 지옥에서 고통당하고 있던 부자가 "내 형제 다섯이 있으니 그들에게 증언하게 하여 그들로 이 고통받는 곳에 오지 않게" 해달라고 부탁한다. 그 때 "아브라함은 그들에게 모세와 선지자들(예수님 당시는 모세오경과 예언서들만이 성경이었다)이 있으니 그들에게 들을지니라"고 말한다. 어떻게 하면 지금 우리가 성경 말씀을 경청할 수 있을까?

누가복음 18:15-17
어린 아이들을 금하지 말라

──▶ 말씀 속으로 ◀──

18:15 사람들이 예수께서 만져 주심을 바라고 자기 어린 아기를 데리고 오매 제자들이 보고 꾸짖거늘 16 예수께서 그 어린 아이들을 불러 가까이 하시고 이르시되 어린 아이들이 내게 오는 것을 용납하고 금하지 말라 하나님의 나라가 이런 자의 것이니라 17 내가 진실로 너희에게 이르노니 누구든지 하나님의 나라를 어린 아이와 같이 받아들이지 않는 자는 결단코 거기 들어가지 못하리라 하시니라.

사람들은 예수께서 만져 주심을 바라고 어린 아기를 예수께 데리고 왔다. 평행 부분인 마태복음 19:13은 헬라어 "파이디아"를 사용하여 7세 미만의 아이를 말하지만, 누가는 "브레페"를 사용하여 젖먹이를 강조한다.

이 때에 제자들은 어린 아이를 데리고 오는 사람들을 꾸짖었다. 물론 어린 아이들로 인하여 예수님을 피곤하게 하지 아니하게 위함이었다. 그러나 예수님은 "그 어린 아이들을 불러 가까이 하시고…내게 오는 것을 금하지 말라"고 하셨다. 왜냐하면 젖먹이가 엄마의 품을 의지하듯이 하나님께 온전히 의지하는 사람이 하나님 나라에 합당한 사람임을 가르쳐 주기 위함이다.

예수님 당시 태어나다가 죽는 아이가 30%, 열여섯이 되기 전에 전쟁과 기근과 병으로 인해 죽는 아이가 30%였다. 다시 말해, 60%의 아이들이 16살이 되기 전에 죽은 셈이다. 아이들을 축복해 줌으로써 아이들이 건강하게 16살을 넘어가기를 바라는 것이 부모들의 마음이 아니겠는가? 제자들이 왜 아이들을 예수께 데리고 오는 것을 금했는지 이에 대한 설명이 없다. 그러나 제자들이 아이들을 금했다는 것은 하나님 나라의 본질을 아직 이해하지 못하고 있다는 사실을 보여주는 것이다. 하나님 나라는 "이런 자의 것이니라."

누가복음 18:18-30
부자 관리

➡️ 말씀 속으로 ⬅️

바로 전 부분에서 천진난만하고, 권력이 없고, 자랑할 것이 없고, 미천한 존재인 젖먹이 어린 아이에 대하여 이야기했다면, 이 부분에서는 어린 아이와 정반대 위치에 있는 관리에 대하여 말한다. 이 관리는 "내가 무엇을 하여야 영생을 얻으리이까" 하고 예수께 묻는다.

요한복음 3장에서 이 관리는 니고데모이다. 누가복음과 요한복음은 이 관리를 나이가 든 사람으로 묘사한다. 그러나 마태복음에서 예수님을 찾아온 사람은 21-28살 먹은 청년으로 묘사한다. 그래서 마태복음은 청년에게 "관리"라는 호칭을 사용하지 아니한다.

18:18. 어떤 관리가 주께 와서 "선한 선생님이여 내가 무엇을 하여야 영생을 얻으리이까"라고 질문한다. 이 관리(재판장)의 생각에는 영생이 우리가 무엇을 하고 하지 않는 것과 관련이 있는 것으로 생각하는 것 같다.

18:19. 예수님은 관원에게 "네가 어찌하여 나를 선하다 일컫느냐 하나님 한 분 외에는 선한 이가 없느니라"고 말씀하신다. 하나님만이 모든 선의 원천이시다. 하나님만이 경배받으시기에 합당하신 분이시다.

18:20-21. 누가복음에서는 예수님이 십계명을 인용하여 관리에게 말씀하신다. 그러나 요한복음에서는 관리가 십계명을 인용하여 예수님에게 말하는 것으로 되어 있다. 이 관리는 어려서부터 십계명을 다 지켰다고 말한다.

18:22. 예수께서 말씀하신다. "네게 아직도 한 가지 부족한 것이 있으니 네게 있는 것을 다 팔아 가난한 자들에게 나눠 주라…그리고 와서 나를 따르라." 재물이 많으면 종종 자신의 긍지와 만족감이 하나님을 갈망하는 길을 방

해할 때가 있기 때문이다. 이 관리는 준법정신이 있고, 구제하며, 종교의 관습을 다 따른 관원이었다. 그러나 이것이 천국 시민의 자격을 결정하는 것이 아니라는 사실을 모르고 있었다.

18:23-26. 그 관리는 큰 부자이므로 이 말씀을 듣고 심히 근심한다. 낙타는 팔레스타인에서 살아 있는 동물 중에 제일 큰 동물이다. 즉, 불가능한 일을 말할 때 사용되던 유비이다. 그러면 누가 구원을 얻을 수 있는가?

18:27-30. 구원은 인간의 도덕성과 관계된 것이 아니고 하나님의 절대주권과 관계된 것이다. 즉, 하나님만이 하실 수 있는 것이다. 그 때 베드로가 말한다. "우리가 우리의 것을 다 버리고 주를 따랐나이다". 그 때 예수님은 미래에 영생을 받을 것이라고 축복해 주신다.

- 영생은 하나님이 주시는 생명(영)을 의미한다.
- 영생은 하나님께 속하여 하나님과 함께 사는 삶이다.
- 영생은 인간의 힘으로 파괴할 수 없는 것이다. 영생의 반대는 죽음이 아니라 죄이다.
- 영생은 현재와 미래적인 요소가 동시에 존재한다.
- 영생은 예수님을 믿는 사람들이 가지고 있는 질적인 삶의 특권, 행복, 기쁨, 만족, 평화, 마음의 평화(하나님의 사랑과 보살핌)를 누리는 삶이다.
- 영생은 그리스도와 함께 사는 삶의 질을 의미한다.
- 영생은 변화된 삶이다.

예수님은 이 재물이 많은 청년을 하나님의 생명과 관련된 새로운 세계로 이끄시기를 원하신다. 그리고 생명에 들어가려면 계명들도 지키라고 말씀하신다.

━▶ 생활 속으로

☼ 우리가 신앙생활을 할 때 영생이라는 단어를 많이 사용하는데, 영생을 어떻게 정의하는 것이 제일 이해하기 쉬운가?

누가복음 19:1-10
삭개오

──▶말씀 속으로◀──

삭개오의 이야기는 잃은 자를 찾으러 오신 예수님의 모습을 분명하게 보여주는 이야기이다. 삭개오는 세리 중에서도 세리장이었기 때문에 부유하고 지도자급 사람이었다. 삭개오는 로마 정부를 위하여 세금(인두세, 소득세, 무역세, 유료도로 사용세 등)을 거두기 위하여 지역 사람들과 계약을 맺어 세금을 거두어들인 사람이었다. 특히 한 지역의 세무장은 로마 정부와 계약을 맺고 미리 계약금을 정부에 내고 세금을 거두어들였다. 그래서 로마 정부가 원하는 세금 이상을 징수하여 자신이 로마 정부에 낸 계약금을 빼내는 것이 정당화되어 있던 사람이었다. 그러나 그는 사람들로부터 소외되어 있었음이 분명하다. 왜냐하면 세리는 유대인들도 미워했고 이방인들도 미워했다. 삭개오는 키가 작았을 뿐만 아니라 사람들로부터 죄인의 부류에 속한 사람으로 대접을 받고 있던 사람이었다.

19:2-5. "삭개오"라는 이름의 히브리어 뜻은 "순결" 혹은 "정의"이다. "세리장" 삭개오는 여리고 지방의 모든 조세를 책임진 자였다. 삭개오는 예수님을 만나보기로 결심하였다. 그러나 그는 키가 작아 나무 위로 올라갈 수밖에 없었다. 키가 작은 삭개오는 지나가던 예수님을 보기 위하여 돌무화과나무(뽕나무로 알려져 있음)에 올라갔다. 그리고 예수님은 삭개오를 한 개인으로 불러주셨다. "삭개오야 속히 내려오라 내가 오늘 네 집에 유하여야 하겠다." 그 때 삭개오는 급히 내려와 즐거워하며 예수님을 영접한다 (6절). 예수님의 초청을 기쁜 마음으로 순종하고 영접하는 사람에게는 구원이 이른다. 예수님은 우리의 죄가 아무리 크다고 하더라도 한 인격체로 우리를 불러 주시는 분이시다.

19:7. 당시 유대인의 풍습에 따르면, 죄인들과 상종을 하지 못하게 했으며, 죄인의 집에 들어가서도 안 되었고, 더군다나 죄인들과 함께 음식을 먹어서도 안 되었다. 이러한 행위는 자신을 부정하게 만드는 행위였기 때문이다. 그러나 예수님은 죄인 삭개오의 집에 들어가셨다.

19:8. 예수님의 초청을 받아들인 삭개오는 자신의 소유의 절반을 가난한 자들에게 주겠다고 예수께 약속한다. 율법은 누구의 것을 속여 빼앗은 것이 있으면 5분의 1만 보상해 주어도 충분했다 (레 6:5). 그러나 삭개오는 자기가 도적질한 것이 있으면 네 갑절이나 갚겠다고 말한다 (출 22:1). 미래에 주겠다는 약속이 아니라 지금 당장 주겠다고 한다.

19:9. 예수님만이 삭개오의 마음을 알아 주신다. 예수님이 "아브라함의 자손"이라고 하시는 말씀은 세리장의 위치에 있던 삭개오가 하나님의 백성으로 인정받지 못하던 사람이었는데, 하나님의 백성의 일원으로 인정해 주시는 말씀이다. 삭개오의 이야기는 회개의 의미를 강조하려는 것이다. 회개는 부름과 응답과 행동으로 나타난다.

19:10. 예수님의 정체성은 분명하다. 예수님은 잃어버린 자를 찾아 구원하려 오신 분이시다. 예수님은 소외당한 사람, 죄인, 그리고 부유한 사람도 구원해 주신다.

▶ 생활 속으로

☼ 예수님은 죄인 취급을 받던 세리장의 집에 들어가 함께 거하셨다. 그런가 하면 오늘의 교회는 잘 알려진 "죄인"이 교회에 나오게 되면 무엇을 어떻게 해야 할지 불안해 한다. 무엇이 잘못되어 있는 것일까?

☼ 예수님을 만난 체험 때문에 삭개오는 자기의 재물로 과감한 행위를 보여준다. 내가 예수님을 만나는 체험을 한 후 행동으로 표현된 것은 무엇인가?

누가복음 19:11-27
열 므나의 비유

➡️ 말씀 속으로 ⬅️

19:12-15. 이 비유는 어떤 귀인이 왕위를 받아가지고 오려고 먼 나라로 갈 때에 그의 종들에게 은화 열 므나를 주며 자기가 돌아올 때까지 장사하라고 명한 후, 귀인이 왕위를 받아가지고 돌아와서 은화를 준 종들이 각각 어떻게 장사하였는지를 알고자 하여 그들을 부르는 이야기이다.

19:16-17. 첫째 종이 주인에게 나와 한 므나로 열 므나를 남겼다고 말한다. 1,000% 이득을 남겼다는 것이다. 그래서 왕은 그를 칭찬해 주고 열 고을을 차지하라고 한다.

19:18-19. 둘째 종이 주인에게 나와 한 므나로 다섯 므나를 만들었다고 한다. 이 종은 500%의 이득을 남겼다. 왕은 그에게도 다섯 고을을 차지하라고 하신다.

19:20. 셋째 종이 주인에게 나와 "당신의 한 므나가 여기 있나이다 내가 수건으로 싸 두었었나이다"라고 말한다. 주인은 한 므나를 빼앗아 열 므나를 만든 사람에게 준다.

이 비유는 충성스럽게 맺은 열매에 따라 하늘나라의 상급이 주어진다는 것이다. 즉, 이 열 므나의 비유는 세상이 그들의 참된 왕을 충성스럽게 맞이할 것인가, 아니면 배척할 것인가가 비유의 이슈이다.

모든 왕은 그에게 충성하며 잘 섬기는 사람에게 상을 내리고, 그렇지 못한 자에게는 벌을 내린다. 하늘나라를 대적하는 사람들도 왕이신 하나님께서 헤롯과 같이 심판하시고 벌을 내리실 것이다.

"한 므나"(mina)는 한 달란트의 1/60의 가치이고, 100데나리온의 가치에 해당한다.

이 열 므나의 비유는 예수님의 죽음과 부활과 승천 후 예수님이 다시 재림하실 때까지 그를 따르는 사람들이 어떻게 살아야 하는가를 말해 주는 비유이다.

누가복음 19:28—21:38
예루살렘에서의 사역

누가복음 19:28-40
예루살렘에 입성하시다

▶ 말씀 속으로 ◀

19:28 예수께서 이 말씀을 하시고 예루살렘을 향하여 앞서서 가시더라 29 감람원이라 불리는 산쪽에 있는 벳바게와 베다니에 가까이 가셨을 때에 제자 중 둘을 보내시며 30 이르시되 너희는 맞은편 마을로 가라 그리로 들어가면 아직 아무도 타 보지 않은 나귀 새끼가 매여 있는 것을 보리니 풀어 끌고 오라 31 만일 누가 너희에게 어찌하여 푸느냐 묻거든 말하기를 주가 쓰시겠다 하라 하시매 32 보내심을 받은 자들이 가서 그 말씀하신 대로 만난지라 33 나귀 새끼를 풀 때에 그 임자들이 이르되 어찌하여 나귀 새끼를 푸느냐 34 대답하되 주께서 쓰시겠다 하고 35 그것을 예수께로 끌고 와서 자기들의 겉옷을 나귀 새끼 위에 걸쳐 놓고 예수를 태우니 36 가실 때에 그들이 자기의 겉옷을 길에 펴더라 37 이미 감람 산 내리막길에 가까이 오시매 제자의 온 무리가 자기들이 본 바 모든 능한 일로 인하여 기뻐하며 큰 소리로 하나님을 찬양하여 38 이르되 찬송하리로다 주의 이름으로 오시는 왕이여 하늘에는 평화요 가장 높은 곳에는 영광이로다 하니 39 무리 중 어떤 바리새인들이 말하되 선생이여 당신의 제자들을 책망하소서 하거늘 40 대답하여 이르시되 내가 너희에게 말하노니 만일 이 사람들이 침묵하면 돌들이 소리 지르리라 하시니라.

예수님과 제자들은 9:51부터 예루살렘을 향하여 여정을 시작한 후 드디어 예루살렘에 도착하였다. 지금부터 짧은 기간이긴 하지만 예수님은 예루살렘 안에서 사역을 하신다. 예루살렘의 무리는 예수님을 어떻게 영접할 것인가?

19:28-44. 여기서는 두 가지 중요한 주제를 다룬다. 하나는 예수님을 다윗 혈통의 메시야로 다루는 것이다.

"찬송하리로다 주의 이름으로 오시는 왕이여." 또 다른 주제는 메시야가 오심으로써 백성 간에 분열이 있을 것이라는 것이다. 이 두 주제는 시편 118편과 스가랴 9:9가 성취되는 것들이다. 예수님은 유대인의 왕으로 십자가에서 돌아가시게 될 것이다. 그러므로 나귀를 구해 오는 이야기는 예수님의 평화의 왕의 모습을 말하려는 것이다. 그리고 예루살렘의 무리는 예수님을 왕으로 맞이할 것이다.

19:29-31. "벳바게"는 예루살렘에서 2마일쯤 떨어진 곳이다. 베다니와 같은 지역이다.

예수님은 두 제자를 맞은편 마을로 가서 아직 아무도 타 보지 않은 나귀 새끼가 매여 있는 것을 보리니 풀어 끌고 오라고 말씀하신다. "나귀 새끼"를 타는 것은 겸손을 상징하는 것이다. 미리 나귀를 준비해 두었던 것이 아니라, 하나님의 계획과 뜻 아래 모든 것이 순조롭게 이루어지고 있다는 것이다. 이것은 믿음의 눈으로만 이해할 수 있다.

19:32-35. 두 제자는 예수께서 말씀하신 대로 나귀를 끌고 와서 자기들의 겉옷을 나귀 새끼 위에 걸쳐 놓고 예수님을 태운다. 스가랴 9:9은 하나님의 백성을 구원하기 위하여 메시야가 나귀를 타는 것에 대하여 언급한다.

19:36. 제자들도 그들의 겉옷을 길에 편다. 이것은 왕의 행렬을 상징하는 것이다.

19:37-38. 온 무리가 예수께 일어난 사건들을 보고 시편 118:26을 인용하여 예수님을 왕으로 찬양한다. 이제 제자들과 무리에게 예수님은 메시야가 되셨다. "찬송하리로다 주의 이름으로 오시는 왕이여 하늘에는 평화요 가장 높은 곳에는 영광이로다 하니."

19:39. 바리새인들은 제자들의 행동을 보고 참을 수가 없었다. 그래서 예수께 제자들을 책망하라고 말한다.

19:40. 예수님은 바리새인들에게 "만일 이 사람들이 침묵하면 돌들이 소리 지르리라"고 대답하신다.

누가복음 19:41-48
성전을 숙청하시다

▶ 말씀 속으로 ◀

19:41 가까이 오사 성을 보시고 우시며 42 이르시되 너도 오늘 평화에 관한 일을 알았더라면 좋을 뻔하였거니와 지금 네 눈에 숨겨졌도다 43 날이 이를지라 네 원수들이 토둔을 쌓고 너를 둘러 사면으로 가두고 44 또 너와 및 그 가운데 있는 네 자식들을 땅에 메어치며 돌 하나도 돌 위에 남기지 아니하리니 이는 네가 보살핌 받는 날을 알지 못함을 인함이니라 하시니라 45 성전에 들어가사 장사하는 자들을 내쫓으시며 46 그들에게 이르시되 기록된 바 내 집은 기도하는 집이 되리라 하였거늘 너희는 강도의 소굴을 만들었도다 하시니라 47 예수께서 날마다 성전에서 가르치시니 대제사장들과 서기관들과 백성의 지도자들이 그를 죽이려고 꾀하되 48 백성이 다 그에게 귀를 기울여 들으므로 어찌할 방도를 찾지 못하였더라.

성전을 숙청하는 이야기는 마가복음과 누가복음과 요한복음이 조금씩 다르게 기술하고 있다. 마가복음에서는 예수께서 예루살렘에 입성하신 후 베다니에서 하루 밤을 지내시고, 그 다음 날 무화과나무를 저주하시고, 그러고 나서 장사하는 사람들을 성전에서 쫓아내신다. 누가복음에서는 성전을 숙청하는 이야기가 예루살렘에 입성하시자마자 일어난다. 그러나 요한복음은 2장에서 예수님의 사역 초창기에 일어난 것으로 소개한다.

19:41-42. 예수님은 예루살렘 지도자들이나 로마 통치자들이 자신을 배척할 것을 알고 계셨다.

19:43-44. 예루살렘이 멸망하는 이미지는 느부갓네살 왕에 의해 멸망당한 예루살렘의 이미지를 보여준다.

"토둔"은 진을 치는 것을 뜻한다.

19:45-46. 예수님은 성전의 참 뜻과 지금 성전이 쓰여지고 있는 것 사이에는 큰 차이가 있다고 생각하신다. 성전은 인류를 위한 하나님의 섭리가 전달되고 성취되는 곳

이다. 그런데 예레미야서 7:23-30과 이사야서 56:7을 빌려 "강도의 소굴"로 표현하고 계시다. 예수께서 말씀하시는 뜻인즉슨 가난한 사람들을 폭력으로 착취하는 소굴이 되었다는 것이다.

"성전"(히에론)은 성전 건물과 뜰 전체를 포함하는 단어이다. 나오스는 성소이다. 이 곳에는 제사장들만 들어갈 수 있고, 지성소에는 대제사장만 들어갈 수 있다.
성전에는 다섯 개의 뜰이 있었다.
"미문"은 유대인 남자만 들어갈 수 있는 뜰이고,
"여인의 뜰"은 여자만이 들어갈 수 있는 뜰이고,
"이스라엘 백성의 뜰"은 제사드리는 사람이 들어가는 뜰,
"제사장의 뜰"은 제사장들이 들어가는 뜰,
"이방인의 뜰"은 이방인을 포함하여 일반 대중이 들어갈 수 있는 뜰이다. 장사하는 자들을 내쫓은 뜰은 이방인의 뜰이었다. 이 뜰에서 돈도 바꾸어 주었고 제사를 위한 동물도 판매하였다.

19:47-48. 대제사장들과 서기관들과 백성의 지도자들이 예수님을 죽이려고 하나 백성이 다 그에게 귀를 기울여 들으므로 그를 죽일 방도를 찾지 못하다가 가룟 유다의 배반으로 인하여 그들은 예수님을 죽일 방도를 생각해 낸다.

▶생활 속으로

☼ 예수님은 성전을 숙청하셨다. 예수님이 나의 마음에 들어와 제일 먼저 숙청하실 것은 무엇이라고 생각하는가?
☼ 예수님이 우리교회에 들어오시면, 제일 먼저 숙청하실 것이 무엇이라고 생각하는가?
☼ 내가 예수님을 믿는다고 고백하지만 알게 모르게 예수님을 배반하는 행위들은 무엇일까?
☼ 예수님이 내가 살고 있는 지역에 입성하신다는 소식을 들으면 나는 그를 환영하러 나갈 것인가?

누가복음 20:9-18
포도원 농부의 비유

━▶ 말씀 속으로 ◀━

20:9. 한 사람이 포도원을 만들어 농부에게 세로 주고 타국에 갔다. 물론 이 "한 사람"은 하나님이시고, 포도원은 이스라엘을 뜻한다. 농부들은 유대교 지도자들을 뜻한다.

20:10-12. 외국에서 돌아온 포도원 주인은 그의 세 종을 농부들에게 보내고 그 다음에 그의 아들을 보낸다. 물론 세 종은 선지자들을 말하고, 아들은 예수님을 말한다.

20:13-16. 그러나 농부들은 세 종을 다 때려서 쫓아 버리고 아들까지도 때려 보낸다. 종은 선지자들, 죽임을 당한 아들은 예수님이시다. 그러나 예수님은 구약의 건축자가 버린 돌과 같아서 한때는 버린 바 되었지만 (시 118:22), 새로운 집의 머릿돌이 되셨고, 새로운 집을 건축하게 되셨다. 예수님은 인류의 머릿돌이 되셨다. 예수님을 받아들이지 못하고 대적하는 자들은 돌 위에 떨어지는 자 같이 망하고 죽을 것이며 집을 세우는 돌이지만, 사람들 머리 위에 떨어지는 심판의 돌이 되면 모든 사람이 죽을 것이라고 하셨다.

20:19. 이 악한 농부의 비유는 하나님을 배반하고 대적하는 사람을 조명하고 있다. 하나님이 아들을 보낸 것은 최후의 통첩과 같아서 이제 아들을 믿고 구원받을 것이냐, 아니면 아들을 거절하고 죽이고 심판을 받을 것이냐 하는 양자 중에 택일하라는 최후의 통첩이다. 하나님의 아들을 영접한 자에게는 생명이 주어지지만, 하나님의 아들을 거절하는 자에게는 생명이 주어지지 아니한다는 것을 강조하고 계시다. 나는 아들을 영접하고 수확을 바치는 선한 청지기인가, 아니면 주인의 것을 내 것으로 알고, 종들을 박해하고 아들은 죽이고 주인의 것을 차지하려는 것은 아닌지 점검해 보아야 한다.

누가복음 20:20-26
세를 바치다

━▶ 말씀 속으로 ◀━

서기관들(율법교사들)과 대제사장들은 즉시 예수님을 잡으려고 하나 백성을 두려워하여 그렇게 하지 못한다. 마태복음에서는 서기관들과 대제사장들 대신에 바리새인들과 헤롯 당원들이 예수께 똑같은 질문을 한다. 바리새인은 율법에 따라 살려고 노력하던 사람들이었기에 이방 정부인 로마에 세금 바치는 것을 무조건 반대하던 사람들이었고, 반대로 헤롯 당원들은 로마가 인정해 주고 로마가 힘을 허락해 준 헤롯 가문을 위해 일하던 사람들이었기 때문에 로마를 위해 일하던 사람들이라 세금을 바치는 것을 찬성하던 사람들이다. 그러므로 세금을 내지 말라고 하면 헤롯 당원들에게 도전하는 격이 되는 셈이요, 세금을 내라고 하면 바리새인들에게 도전하는 격이 된다. 세금을 거부하는 행위는 죽임을 당하는 범죄 행위에 해당하는 것이다.

20:24-26. 그 당시 이스라엘 백성이 로마 정부에 내는 세금은 장성한 어른마다 성인 하루 품삯에 해당하는 한 데나리온이었다. 데나리온에는 디베료 황제의 상이 그려져 있었고, "디베료 황제 신 아구스도"라는 문구가 적혀 있었다. 그리고 다른 세금들도 있었다. 토지세는 곡식의 1/10, 기름 5%이었다. 소득세는 모든 소득의 1%이었다. 인두세는 남자 14세 이상부터 65세까지, 여자는 12세부터 65세까지 매해 1데나리온의 세금을 냈다. 성전세는 모든 사람이 1/2 세겔을 냈다.

━▶ 생활 속으로

☼ 오늘날 우리는 몇 종류의 세금을 내고 있다고 생각하는가? 세금은 어떻게 쓰여지는 것이 가장 이상적일까?

누가복음 21:1-4
가난한 과부의 헌금

━▶ 말씀 속으로 ◀━

21:1 예수께서 눈을 들어 부자들이 헌금함에 헌금 넣는 것을 보시고 2 또 어떤 가난한 과부가 두 렙돈 넣는 것을 보시고 3 이르시되 내가 참으로 너희에게 말하노니 이 가난한 과부가 다른 모든 사람보다 많이 넣었도다 4 저들은 그 풍족한 중에서 헌금을 넣었거니와 이 과부는 그 가난한 중에서 자기가 가지고 있는 생활비 전부를 넣었느니라 하시니라.

헌금은 하나님의 은혜에 대한 개인의 감사의 표시요, 하나님께서 우리를 보호해 주시고, 인도해 주시고, 축복해 주심에 감사하여 자신을 하나님께 봉헌하는 신앙의 표시이다. 헌금은 우리가 하나님의 것이고, 하나님께 속한 사람들이기에 감사하는 마음으로 하나님께 드리는 예물이다. 헌금은 예수께서 몸된 교회에 명령하신 사명을 효과적으로 이행하기 위하여 바치는 예물이다. 헌금은 예수님의 사역에 자신이 동참하여 그 사역이 계속될 수 있도록 손과 발의 역할을 하는 것이다. 헌금은 섬김의 정신에서 하는 것이다.

그리고 헌금의 가장 기본 개념은 하나님이 우리에게 맡겨 주신 것을 도로 돌려 드리는 것이다. 그러므로 헌금은 금액하고 관계되어 있는 것이 아니라, 드리는 자의 헌신적인 마음과 관계되어 있는 것이다. 가난한 과부의 헌금이 바로 이러한 정신에서 하나님께 드리는 것이다.

"렙돈"(copper coin)은 유대인의 동전 이름으로써 당시 통용되던 화폐 단위 중에서 제일 낮은 단위였다. 1 렙돈은 2분의 1 고드란트, 8분의 1 앗사리온, 128분의 1 데나리온이었다.

21:4. 부자가 드린 헌금은 선물에 불과한 것이었지만, 과부는 자기가 가지고 있는 생활비 전부를 헌금함에 넣었다. 과부는 현명한 청지기의 표본이다.

누가복음 21:5-19
성전이 무너질 것을 예언하시다

➡ 말씀 속으로 ⬅

하나님이 성전 안에 거하시고, 성전이 정치, 사회, 종교의 중심지로 믿던 사람들에게 성전이 허물어질 것이라는 예언은 엄청난 충격이었을 것이다.

21:6. "선생님이여 그러면 어느 때에 이런 일이" 일어납니까? 난리와 소요의 소문을 들을 때, 박해하며 회당과 옥에 넘겨 주며 임금들과 집권자들 앞에 끌어 갈 때, 예루살렘이 군대들에게 에워싸이는 것을 볼 때 일어난다.

21:7-9. "이런 일이 일어나려 할 때"에 무슨 징조가 있겠습니까? 많은 사람이 내 이름으로 와서 이르되 내가 그라 하며 때가 가까이 왔다 하겠으나 그들을 따르지 말라. 난리와 소요의 소문을 들을 때에 두려워하지 말라.

21:10-19. 그러면 어느 때 주가 임하시고 세상이 끝납니까?
- 민족이 민족을, 나라가 나라를 대적할 때 (10절)
- 곳곳에 큰 지진과 기근과 전염병과 무서운 일과 하늘로부터 큰 징조들이 있을 때 (11절)
- 박해하며 회당과 옥에 넘겨 주며 임금들과 집권자들 앞에 끌어 갈 때 (12절)
- 큰 환난이 일어날 때 (12절)
- 부모와 형제와 친척과 벗이 너희를 넘겨 주어 너희 중의 몇을 죽일 때 (16절)

식구와 친구들로부터 핍박을 받으리라는 예언은 스데반의 순교에서 이루어지고 (행 7:54-60) 세베대의 아들 야고보에게서 이루어진다 (행 12:1-2).

그러나 너희 머리털 하나도 상하지 아니하리라 (18절)
너희의 인내로 너희 영혼을 얻으리라 (19절).

◆◇◆◇◆◇

누가복음 22:1—24:53
예수님의 십자가와 부활과 승천

누가복음 22:1-13
유월절을 준비하다

➡ 말씀 속으로 ⬅

22:1 유월절이라 하는 무교절이 다가오매 2 대제사장들과 서기관들이 예수를 무슨 방도로 죽일까 궁리하니 이는 그들이 백성을 두려워 함이더라 3 열둘 중의 하나인 가룟인이라 부르는 유다에게 사탄이 들어가니 4 이에 유다가 대제사장들과 성전 경비대장들에게 가서 예수를 넘겨 줄 방도를 의논하매 5 그들이 기뻐하여 돈을 주기로 언약하는지라 6 유다가 허락하고 예수를 무리가 없을 때에 넘겨 줄 기회를 찾더라 7 유월절 양을 잡을 무교절날이 이른지라 8 예수께서 베드로와 요한을 보내시며 이르시되 가서 우리를 위하여 유월절을 준비하여 우리로 먹게 하라 9 여짜오되 어디서 준비하기를 원하시나이까 10 이르시되 보라 너희가 성내로 들어가면 물 한 동이를 가지고 가는 사람을 만나리니 그가 들어가는 집으로 따라 들어가서 11 그 집 주인에게 이르되 선생님이 네게 하는 말씀이 내가 내 제자들과 함께 유월절을 먹을 객실이 어디 있느냐 하시더라 하라 12 그리하면 그가 자리를 마련한 큰 다락방을 보이리니 거기서 준비하라 하시니 13 그들이 나가 그 하신 말씀대로 만나 유월절을 준비하니라.

22:1. "유월절"과 "무교절"은 원래 두 개의 다른 절기였는데 (출 12장; 23:15; 34:18), 예수님 당시에는 하나로 되어 있었다. "유월절"은 히브리어로 "지나가다"라는 뜻이다. 오늘날은 봄이 온 후 첫번째 보름달을 유월절로 지키고 있다. 유월절은 이스라엘 백성이 400년 이상 애굽에서 노예생활을 하다가 모세의 인도로 노예생활에서 해방된 것을 하루 축하하고 무교절을 6일 동안 지킨다 (출 12:6-8).

특히 애굽에서 해방되어 나오기 전날 하나님께서 애굽 사람들의 장자들을 죽이는 재앙을 내리실 때 이스라엘 백성은 양의 피를 문틀에 발라 그 재앙을 면한 것을 기념하는 절기이다. 유월절에는 양을 잡아 피를 문설주에 뿌린 후 고기를 구워서 무교병과 쓴나물과 포도주를 함께 먹었다. 그러나 성도는 인류를 구속하기 위한 예수님의 수난과 죽음을 기념하는 새로운 차원에서 유월절 만찬을 생각한다.

"무교절"도 유월절과 같이 이스라엘 백성이 급하게 출애굽하게 되었을 때, 누룩을 넣지 않고 급하게 구워먹었던 무교병을 생각하며 칠 일 동안 축하하는 축제이다 (출 12:15-20).

22:2-6. 대제사장들과 서기관들이 예수를 죽이려고 궁리하나 백성을 두려워하여 조심한다. 그 때 사탄이 가룟 유다에게 들어가 대제사장들과 성전 경비대장들에게 예수를 넘겨주려고 방도를 의논한다. 가룟 유다의 배신으로 인하여 종교 지도자들은 예수님을 체포할 수 있는 좋은 기회를 가지게 된다.

누가는 가룟 유다에 대하여 "유다에게 사탄이 들어가니"라고 간략하게 묘사하지만, 다른 복음서들은 유다에 대하여 부정적으로 묘사한다. 유다는 예수님을 믿지 아니하였다고 말한다 (요 6:64). 예수님은 유다를 마귀라고 부르셨다 (요 6:70). 유다는 돈궤를 맡고 거기 넣는 것을 훔쳐가는 사람이었다 (요 12:6). 예수님은 제자들의 발을 씻어주시며 "너희는 깨끗하나 다는 아니라"고 말씀하셨는데, "이는 자기를 팔 자가 누구인지 아심이라" (요 13:10-11). "유다에게 사탄이 들어가니" (눅 22:3). 유다는 은 삼십에 예수님을 팔아넘긴 사람이다 (마 26:15).

"대제사장들"은 성전과 성전 주변을 책임 맡고 있던 사람들이다. "성전 경비대장들"은 성전을 경호하는 사람들이었고, 실제로 사람들을 체포하는 사람들이었다.

누가복음에서 대제사장들은 유다에게 돈을 주기로 약속은 하지만 다른 복음서와 같이 액수를 언급하지 않는다.

누가복음 22:14-23
마지막 만찬

━▶ 말씀 속으로 ◀━

22:14 때가 이르매 예수께서 사도들과 함께 앉으사 15 이르시되 내가 고난을 받기 전에 너희와 함께 이 유월절 먹기를 원하고 원하였노라 16 내가 너희에게 이르노니 이 유월절이 하나님의 나라에서 이루기까지 다시 먹지 아니하리라 하시고 17 이에 잔을 받으사 감사 기도 하시고 이르시되 이것을 갖다가 너희끼리 나누라 18 내가 너희에게 이르노니 내가 이제부터 하나님의 나라가 임할 때까지 포도나무에서 난 것을 다시 마시지 아니하리라 하시고 19 또 떡을 가져 감사 기도 하시고 떼어 그들에게 주시며 이르시되 이것은 너희를 위하여 주는 내 몸이라 너희가 이를 행하여 나를 기념하라 하시고 20 저녁 먹은 후에 잔도 그와 같이 하여 이르시되 이 잔은 내 피로 세우는 새 언약이니 곧 너희를 위하여 붓는 것이라 21 그러나 보라 나를 파는 자의 손이 나와 함께 상 위에 있도다 22 인자는 이미 작정된 대로 가거니와 그를 파는 그 사람에게는 화가 있으리로다 하시니 23 그들이 서로 묻되 우리 중에서 이 일을 행할 자가 누구일까 하더라.

예수님이 제자들과 이 땅에서 마지막으로 가지신 이 유월절 만찬을 우리는 "최후의 만찬" 혹은 "주의 만찬" 혹은 "유카리스트"라고 부른다. 초대교회 초창기 때부터 이 최후의 만찬은 성찬예식으로 제정되어 왔다. 예수님은 이 마지막 만찬의 순간을 이용하여 자신의 정체가 무엇인지 제자들에게 확실하게 보여주신다.

22:15-16. 예수님은 "내가 고난을 받기 전에 너희와 함께 이 유월절 먹기를 원하고 원하였노라"고 말씀하신다. 예수님이 재림하시기 전까지는 그리고 하늘나라가 완성되기 전까지는 다시 제자들과 함께 이 유월절 만찬을 잡수실 기회가 없으실 것이다.

22:17-18. 유월절 만찬은 유대인들이 노예의 신분에서 해방된 의미를 생각하면서 하나님께 감사하는 마음으로 잔을 나누며 시작하는 것이 관례였다. 그래서 누가복음은 관

례대로 마태복음과 마가복음과는 달리 만찬에서 예수께서 잔을 돌리시는 것으로 시작한다. 누가는 두 번에 걸쳐 잔을 돌리는데 첫 번째 것은 출애굽을 생각하는 것이요, 두 번째 것은 하나님과의 새 언약을 생각하는 것이다.

22:19-20. 그 다음에 떡을 나누시고, 다시 한 번 잔을 돌리신다. "떡을 가져 감사 기도 하시고 떼어 그들에게 주시며 이르시되 이것은 너희를 위하여 주는 내 몸이라 너희가 이를 행하여 나를 기념하라 하시고

저녁 먹은 후에 잔도 그와 같이 하여 이르시되 이 잔은 내 피로 세우는 새 언약이니 곧 너희를 위하여 붓는 것이라." 누가복음이 쓰여질 당시 사람들은 음식을 먹을 때, 양고기와 효소가 섞이지 아니한 빵, 즉, 무교병을 놓고 감사 기도를 한 후 먹었다.

그러나 예수님과 제자들에게 이 만찬은 전통적인 만찬에 그치지 아니하였다. 예수님의 살과 피를 나누는 만찬이었다. 다시 말해, 예수님은 유월절 만찬을 성만찬으로 승화시키셨다.

22:21-23. 예수님은 유다가 예수님을 팔 것을 아시고 유다에게 화가 있을 것이라고 말씀하신다. 제자들은 예수님을 팔 자가 누군가 하고 서로 궁금해 한다. 마음 저변에는 아직도 제자들이 예수님의 정체를 완전하게 파악하지 못하고 있었다는 사실을 간접적으로 말하여 주고 있는 것이 아닐까!

성만찬은 그리스도의 살과 피를 상징하는 떡과 포도주를 나눔으로써 예수께서 우리를 구원하기 위하여 고난받으시고 죽으신 것을 기념하는 것이며, 사랑의 표시요, 성도가 예수 그리스도와 또한 다른 사람들과 연합된다는 표시이다. 성만찬은 우리를 죄에서 구원하기 위해서 속죄제물이 되어 십자가에서 죽으신 주님을 재림하실 때까지 기념하며 그 대속의 은혜를 전하는 것이다.

"성례"라는 단어는 라틴어 싸쿠라멘툼에서 온 것이다.

싸쿠라멘툼은 정부에 충성을 다하겠노라고 선서하던 용어이다. 이것이 교회에 들어와서 그리스도에게 충성을 다하겠노라고 선서하는 언어로 사용되었다.

후대에 와서 성례는 하나님의 희생적인 사랑을 의미했고, 그리스도의 계속적인 임재를 의미했고, 죄의 용서를 의미했고, 하늘나라의 최후 승리를 의미했고, 예수 그리스도의 죽으심과 부활로 인하여 모든 신앙인이 궁극적으로 승리할 수 있다는 하나님의 약속을 의미했다.

우리는 성만찬을 통하여 그리스도께서 영적으로 임재하는 것은 믿는다. 그러나 천주교와 같이 빵과 포도주의 본체가 직접 변화되는 것을 믿지는 않는다.

누가복음 22:24-34
베드로가 부인할 것을 이르시다

━━▶ 말씀 속으로 ◀━━

22:24 또 그들 사이에 그 중 누가 크냐 하는 다툼이 난지라 25 예수께서 이르시되 이방인의 임금들은 그들을 주관하며 그 집권자들은 은인이라 칭함을 받으나 26 너희는 그렇지 않을지니 너희 중에 큰 자는 젊은 자와 같고 다스리는 자는 섬기는 자와 같을지니라 27 앉아서 먹는 자가 크냐 섬기는 자가 크냐 앉아서 먹는 자가 아니냐 그러나 나는 섬기는 자로 너희 중에 있노라 28 너희는 나의 모든 시험 중에 항상 나와 함께 한 자들인즉 29 내 아버지께서 나라를 내게 맡기신 것 같이 나도 너희에게 맡겨 30 너희로 내 나라에 있어 내 상에서 먹고 마시며 또는 보좌에 앉아 이스라엘 열두 지파를 다스리게 하려 하노라 31 시몬아, 시몬아, 보라 사탄이 너희를 밀 까부르듯 하려고 요구하였으나 32 그러나 내가 너를 위하여 네 믿음이 떨어지지 않기를 기도하였노니 너는 돌이킨 후에 네 형제를 굳게 하라 33 그가 말하되 주여 내가 주와 함께 옥에도, 죽는 데에도 가기를 각오하였나이다 34 이르시되 베드로야 내가 네게 말하노니 오늘 닭 울기 전에 네가 세 번 나를 모른다고 부인하리라 하시니라.

22:24. 제자들은 아직도 예수님이 예루살렘에 오신 참 목적을 오해하고 있는 듯하다. 그들 사이에 누가 크냐고 다투고 있기 때문이다. 제자들 사이에 누가 크냐고 "다툼"이 있다고 하는 것은 그들이 아직도 예수님의 정체를 완전하게 파악하지 못하고 있으며, 예수님을 따르는 것을 명예와 권력을 얻게 되는 것으로 생각하고 있다는 증거이다.

그 때 예수님은 말씀하신다. 명예와 권력은 "이방인의 임금들"이나 하는 것이라는 것이다. 로마가 유대를 점령하고 있었기 때문에 이방인의 임금들이라고 말씀하시는 것이다. "너희 중에 큰 자는 젊은 자와 같고 다스리는 자는 섬기는 자와 같을지니라"(26절).

22:29-30. 제자들의 정체와 관계는 두 가지 면에서 측정된다 (25-27절). 하나는 큰 자는 젊은 자와 같고, 다른 하나는 다스리는 자는 섬기는 자로 측정된다. 즉, 하나님 나라의 표준과 예수께서 보여주신 모범으로 측정된다.

22:30. 이것은 예수께서 재림하신 후 영원한 나라가 이루어진 후에만 가능하게 될 것이다. 그 날까지 신실하게 남아 있는 자만이 이 특권에 참여하게 될 것이다.

22:31-34. "시몬아, 시몬아, 보라 사탄이 너희를 밀 까부르듯 하려고 요구하였으나." 유다는 사탄의 유혹에 넘어갔으나 베드로는 어떻게 될 것인가? "주여 내가 주와 함께 옥에도, 죽는 데에도 가기를 각오하였나이다." 그러나 예수님은 말씀하신다. "오늘 닭 울기 전에 네가 세 번 나를 모른다고 부인하리라."

━▶ 생활 속으로
☼ 나는 어떤 경우에 예수님을 모른다고 말하게 되는가?
☼ 예수님은 섬기는 자가 큰 자라고 말씀하시는 데 우리는 남을 섬기는 것이 왜 그렇게 힘들게 생각이 들까?
☼ 예수께서 그의 사역을 나에게 맡기시는 것은 무엇일까?

누가복음 22:39-46
감람 산에서 기도하시다

➡ 말씀 속으로 ⬅

　예수님은 제자들과 함께 기도하러 감람 산(겟세마네 동산으로 생각한다)에 가신다. 마태복음과 마가복음에는 예수께서 베드로, 야고보, 요한을 데리고 감람 산에 올라가 한적한 곳에서 기도하는 장면이 나오나 누가복음에서는 제자 모두를 데리고 감람 산에 기도하러 가신다. 그 곳에서 예수님은 제자들에게 "유혹에 빠지지 않게 기도하라"고 말씀하신다. 예수님은 자신이 체포당하신 후, 이로 인해 제자들이 두려움과 공포에 휩싸여 자신을 버리고 도망할 것을 잘 아셨다. 그리고 이 부분은 하나님의 뜻에 순종하는 것이 얼마나 힘든 것인가를 표현해 주는 것이다.

　22:41-42. 예수님은 중요한 결정이나 삶의 전환기가 닥쳐올 때마다 기도하셨다. 지금 예수님은 곧 무엇이 일어날 것인지를 알고 계시다. 예수님은 얼굴을 땅에 대시고 엎드려 기도하신다. 이 본문은 환난에 직면할 때 기도의 힘을 보여주는 것으로 이는 제자들이 따라야 할 모범이다. 예수님은 "아버지여 만일 아버지의 뜻이거든 이 잔을 내게서 옮기시옵소서 그러나 내 원대로 마시옵고 아버지의 원대로 되기를 원하나이다"(42절)라고 기도하신다.

　22:44. "예수께서 힘쓰고 애써 더욱 간절히 기도하시니 땀이 땅에 떨어지는 핏방울 같이 되더라." 힘쓰고 애써 더욱 간절히 기도한다는 표현은 운동 선수가 운동 경기에 나가기 위해 땀을 흘리면서 훈련하는 이미지이다.

　22:45-46. 예수님은 기도하신 후 제자들에게 왔을 때, 그들은 잠들어 있었다. 그 때 예수님은 "시험에 들지 않게 일어나 기도하라"고 제자들에게 말씀하신다. 제자들의 모습은 예수님의 마음을 이해하지 못하는 것으로 나타난다.

누가복음 22:47-53
잡히시다

➡ 말씀 속으로 ⬅

22:47 말씀하실 때에 한 무리가 오는데 열둘 중의 하나인 유다라 하는 자가 그들을 앞장서 와서 48 예수께 입을 맞추려고 가까이 하는지라 예수께서 이르시되 유다야 네가 입맞춤으로 인자를 파느냐 하시니 49 그의 주위 사람들이 그 된 일을 보고 여짜오되 주여 우리가 칼로 치리이까 하고 50 그 중의 한 사람이 대제사장의 종을 쳐 그 오른쪽 귀를 떨어뜨린지라 51 예수께서 일러 이르시되 이것까지 참으라 하시고 그 귀를 만져 낫게 하시더라 52 예수께서 그 잡으러 온 대제사장들과 성전의 경비대장들과 장로들에게 이르시되 너희가 강도를 잡는 것 같이 검과 몽치를 가지고 나왔느냐 53 내가 날마다 너희와 함께 성전에 있을 때에 내게 손을 대지 아니하였도다 그러나 이제는 너희 때요 어둠의 권세로다 하시더라.

22:47-48. 가룟 유다는 검과 몽치를 든 무리를 이끌고 예수님을 체포하러 온다. 그리고 신호로 예수님에게 입을 맞춘다. 예수님은 "유다야 네가 입맞춤으로 인자를 파느냐"고 말씀하신다.

22:49-50. 한 제자가 대제사장의 종을 쳐 그 오른쪽 귀를 떨어뜨린다. 요한복음은 칼로 대제사장의 종의 귀를 떨어뜨린 무명의 사람이 베드로라고 기록한다. 귀가 짤린 대제사장의 종의 이름은 "말고"라고 밝힌다.

22:51. 예수께서 "이것까지 참으라"고 말씀하신 후, 대제사장의 종의 귀를 고쳐 주신다. 이는 내가 잡힌 후에도 항거하지 말라는 뜻이다.

22:52-53. 예수님은 대제사장들과 성전의 경비대장들과 장로들에게 너희가 강도를 잡는 것 같이 검과 몽치를 가지고 나왔느냐고 말씀하시며, 이제는 너희 때요 어둠의 권세라고 하시며 자신을 내어주신다. 예수님을 잡으러 온 사람들이 저녁에 온 이유는 사람들의 이목을 두려워했기 때문이라고 누가복음은 말한다.

누가복음 22:54-62
베드로가 예수님을 부인하다

━▶ 말씀 속으로 ◀━

22:54 예수를 잡아 끌고 대제사장의 집으로 들어갈새 베드로가 멀찍이 따라가니라 55 사람들이 뜰 가운데 불을 피우고 함께 앉았는지라 베드로도 그 가운데 앉았더니 56 한 여종이 베드로의 불빛을 향하여 앉은 것을 보고 주목하여 이르되 이 사람도 그와 함께 있었느니라 하니 57 베드로가 부인하여 이르되 이 여자여 내가 그를 알지 못하노라 하더라 58 조금 후에 다른 사람이 보고 이르되 너도 그 도당이라 하거늘 베드로가 이르되 이 사람아 나는 아니로라 하더라 59 한 시간쯤 있다가 또 한 사람이 장담하여 이르되 이는 갈릴리 사람이니 참으로 그와 함께 있었느니라 60 베드로가 이르되 이 사람아 나는 네가 하는 말을 알지 못하노라고 아직 말하고 있을 때에 닭이 곧 울더라 61 주께서 돌이켜 베드로를 보시니 베드로가 주의 말씀 곧 오늘 닭 울기 전에 네가 세 번 나를 부인하리라 하심이 생각나서 62 밖에 나가서 심히 통곡하니라.

22:54. 사람들은 예수님을 체포한 후 그를 대제사장의 관저로 데리고 가서 그 이튿날까지 그 곳에 두었다. 마태복음과 마가복음에는 종교 지도자들이 예수님을 죽이려고 음모하는 장면이 나오나, 누가복음에는 이 지도자들이 음모하는 내용이 없고 대신에 베드로가 예수님을 부인하는 장면(54-62절)과 예수님을 희롱하고 때리는 장면을 먼저 소개한다 (63-65절).

22:55-62. 베드로는 사람들이 불을 피우고 함께 있는 자리에 합류한다. 그 때 한 여종이 베드로의 불빛을 향하여 앉은 것을 보고 "이 사람도 그와 함께 있었느니라"고 말한다. 베드로가 첫 번째로 "내가 그를 알지 못하노라"고 부인한다.

조금 후에 다른 사람이 보고 "너도 그 도당이라"고 말한다. 베드르는 "나는 아니로라" 하고 두 번째로 예수님을 부인한다.

한 시간쯤 있다가 또 한 사람이 장담하여 말하기를 "이는 갈릴리 사람이니 참으로 그와 함께 있었느니라" 하고 말한다. 베드로는 다시 "이 사람아 나는 네가 하는 말을 알지 못하노라"고 세 번째로 예수님을 부인한다. 베드로가 아직 말하고 있을 때에 닭이 곧 울었다. 예수님의 말씀대로 이루어진 것이다. 베드로는 예수님의 말씀이 생각나서 밖에 나가 심히 통곡한다.

두 여종은 하나님의 진리를 말하는 사람들이다. 베드로는 예수님과 함께 있으면서도 자신은 그를 모른다고 세 번씩이나 맹세한다. 베드로가 예수님을 부인할 것이라는 내용은 한편으로 예수님의 예언 능력을 강조하려는 것이다. 베드로에게 죄가 있었지만 죄가 없는 예수님이 베드로를 용서해 주셨다.

누가복음 22:63-71
예수께서 공회 앞에 서시다

➡️ 말씀 속으로 ⬅️

예수님의 정체는 무엇일까?

22:63-65. 예수님을 지키는 사람들이 그의 눈을 가리고 희롱하고 때린다. 그들은 "선지자 노릇 하라 너를 친 자가 누구냐 하고" 희롱하며 욕을 했다. 예수님이 당하시는 모욕과 배신을 통하여 누가복음은 예수님이 하나님께서 보내주신 분이라는 사실을 더 강조한다.

22:66. "공회"는 유대인의 내무 치안을 책임맡고 있던 70명의 사람들이 모여 일을 처리하는 집단이다. 대제사장 집에서 회의를 했다고 하는 것(54절)은 예수님을 처형시키려고 하는 계획이 공적으로 진행되지 않고 비밀리에 전개되었다는 뜻이라는 사실을 지도자들은 알았기에 다음날 아침 예수님을 공회로 끌어들이는 것이다.

22:67. "네가 그리스도이거든 우리에게 말하라." 예수님은 내가 말할지라도 너희가 믿지 아니할 것인데 말해서 무엇하느냐 하는 뜻으로 대답을 하신다. 예수님은 왕으로 사람들에게 소개된 바 있다 (19:45-21:38).

예수님은 메시야로 또 하나님의 아들로 소개되었다. 그는 백성으로부터 지지를 받은 분이었다. 이러한 관점에서 볼 때, 예수님을 다루는 지도자들에게는 긴장감이 있었을 것이다. 그러나 백성의 지도자들은 그를 믿지 않는다 (67절).

22:69. 예수님은 "인자가 하나님의 권능의 우편에 앉아 있으리라"고 말씀하신다. 이것은 자신이 메시야 되심을 간접적으로 말씀하시는 것이다.

22:70-71. "그러면 네가 하나님의 아들이냐." 예수님은 "내가 그라"(4:41; 9:35)고 대답하신다. 이러한 말은 신성 모독죄에 해당하는 것이었다. 레위기 24:16에 "여호와의 이름을 모독하면 그를 반드시 죽일지니 온 회중이 돌로 그를 칠 것이니라." 종교 지도자들은 예수님의 말씀을 통하여 예수님을 죽일 수 있는 증거를 얻게 된 셈이다.

▬▶ 생활 속으로

☼ 나는 유다처럼 돈을 받고 예수님을 팔아넘기지는 않지만 예수님의 마음을 아프게 해 드리는 때는 언제라고 생각하는가?

☼ 예수님의 수제자 베드로는 예수님을 세 번씩이나 부인하게 된다. 내가 잘 알면서도 예수님을 자주 부인하게 되는 때는 언제라고 생각하는가?

☼ 예수님 당시는 하나님의 이름을 모독하면 신성 모독죄로 죽였다. 그러나 오늘날은 마음대로 하나님의 이름을 더럽히는 경향이 있다. 무엇이 잘못되어 있는 것일까?

☼ 나는 친한 친구로부터 배반을 당해 본 경험이 있는가? 그 때 심정이 어떠했었는가?

누가복음 23:1-12
예수께서 심문 받으시다

➡ 말씀 속으로 ⬅

23:1-5. 유대인들이 예수님을 빌라도에게 넘기기로 작정하였다는 사실 자체가 예수님을 정치범으로 처리하겠다는 의도이다. 빌라도는 유대 지역을 통치하던 로마 총독이었다 (주후 26-37년). 예수님 당시는 로마 정권만이 죄수를 사형에 처형시킬 수 있었다. 2절에서 언급된 예수님이 처형당해야 할 죄목들은 모두 정치적인 것들이다.
- 예수님은 반란을 시도하신 분이다.
- 로마에 세금을 내지 말라고 선동하신 분이시다.
- 자신이 왕이라고 말하는 것이 죄목으로 되어 있다.

23:3. 빌라도는 예수님에게 묻는다. "네가 유대인의 왕이냐?" 예수님은 "네 말이 옳도다"라고 대답하신다.

23:4. 그러나 빌라도는 "대제사장들과 무리에게 이르되 내가 보니 이 사람에게 죄가 없도다"라고 말한다.

23:5-6. 무리는 예수님이 유대로부터 여기까지 와서 백성을 소동하게 한다고 큰 소리로 외친다. 빌라도는 예수님이 갈릴리 사람이라는 것을 알고 헤롯에게 보낸다. 갈릴리 사람이란 촌사람이라는 뜻이다.

23:8-12. 예수님이 헤롯 앞에 서신다. 복음서들 가운데 누가복음서만이 헤롯 앞에 서신 예수님을 소개한다. 빌라도의 생각에 이러한 사건쯤이야 헤롯이 해결할 수 있을 것으로 생각했기 때문이다. 그리고 마침 그 때 헤롯이 유월절 때문에 예루살렘에 와 있었다.

23:8-12. 헤롯은 예수님이 행하시는 이적에 관심이 있었다. 헤롯은 군인들과 함께 예수를 업신여기며 희롱하고 빛난 옷을 입혀 빌라도에게 도로 보낸다. 헤롯과 빌라도는 당일에 서로 친구가 되어 합세한다 (행 4:26-27).

누가복음 23:13-25
십자가 처형을 받으시다

➤ 말씀 속으로 ◄

23:13 빌라도가 대제사장들과 관리들과 백성을 불러 모으고 14 이르되 너희가 이 사람이 백성을 미혹하는 자라 하여 내게 끌고 왔도다 보라 내가 너희 앞에서 심문하였으되 너희가 고발하는 일에 대하여 이 사람에게서 죄를 찾지 못하였고 15 헤롯이 또한 그렇게 하여 그를 우리에게 도로 보내었도다 보라 그가 행한 일에는 죽일 일이 없느니라 16 그러므로 때려서 놓겠노라 17 (없음) 18 무리가 일제히 소리 질러 이르되 이 사람을 없이하고 바라바를 우리에게 놓아 주소서 하니 19 이 바라바는 성중에서 일어난 민란과 살인으로 말미암아 옥에 갇힌 자러라 20 빌라도는 예수를 놓고자 하여 다시 그들에게 말하되 21 그들은 소리 질러 이르되 그를 십자가에 못 박게 하소서 십자가에 못 박게 하소서 하는지라 22 빌라도가 세 번째 말하되 이 사람이 무슨 악한 일을 하였느냐 나는 그에게서 죽일 죄를 찾지 못하였나니 때려서 놓으리라 하니 23 그들이 큰 소리로 재촉하여 십자가에 못 박기를 구하니 그들의 소리가 이긴지라 24 이에 빌라도가 그들이 구하는 대로 하기를 언도하고 25 그들이 요구하는 자 곧 민란과 살인으로 말미암아 옥에 갇힌 자를 놓아 주고 예수는 넘겨 주어 그들의 뜻대로 하게 하니라.

23:13-14. 빌라도는 유대, 사마리아, 이두매를 통치하던 로마 총독이다. 그는 예수에게서 죄를 찾지 못한다. 그래서 때려 놓아 주겠다고 한다. 그러나 무리는 바라바를 놓아 주고 예수님을 십자가에 못 박게 하라고 소리지른다.

23:18-25. 빌라도가 세 번째로 예수에게 죄가 없음을 선포한다. 유대인들은 빌라도에게 재촉하여 더욱 큰 소리로 예수님을 십자가에 못 박기를 구한다. 이에 빌라도가 그들이 구하는 대로 하기를 언도한다. 대신에 그들이 요구하는 대로 민란과 살인으로 말미암아 옥에 갇힌 자를 놓아준다. 그가 바로 바라바이다. 빌라도가 이렇게 결정하는 가장 큰 이유는 민심을 안정시키고 그의 정치적인 생명을 유지하기 위한 것이다.

누가복음 23:26-43
구레네 사람 시몬

━▶ 말씀 속으로 ◀━

23:26 그들이 예수를 끌고 갈 때에 시몬이라는 구레네 사람이 시골에서 오는 것을 붙들어 그에게 십자가를 지워 예수를 따르게 하더라 27 또 백성과 및 그를 위하여 가슴을 치며 슬피 우는 여자의 큰 무리가 따라오는지라 28 예수께서 돌이켜 그들을 향하여 이르시되 예루살렘의 딸들아 나를 위하여 울지 말고 너희와 너희 자녀를 위하여 울라 29 보라 날이 이르면 사람이 말하기를 잉태하지 못하는 이와 해산하지 못한 배와 먹이지 못한 젖이 복이 있다 하리라 30 그 때에 사람이 산들을 대하여 우리 위에 무너지라 하며 작은 산들을 대하여 우리를 덮으라 하리라 31 푸른 나무에도 이같이 하거든 마른 나무에는 어떻게 되리요 하시니라 32 또 다른 두 행악자도 사형을 받게 되어 예수와 함께 끌려 가니라 33 해골이라 하는 곳에 이르러 거기서 예수를 십자가에 못 박고 두 행악자도 그렇게 하니 하나는 우편에, 하나는 좌편에 있더라 34 이에 예수께서 이르시되 아버지 저들을 사하여 주옵소서 자기들이 하는 것을 알지 못함이니이다 하시더라 그들이 그의 옷을 나눠 제비 뽑을새 35 백성은 서서 구경하는데 관리들은 비웃어 이르되 저가 남을 구원하였으니 만일 하나님이 택하신 자 그리스도이면 자신도 구원할지어다 하고 36 군인들도 희롱하면서 나아와 신 포도주를 주며 37 이르되 네가 만일 유대인의 왕이면 네가 너를 구원하라 하더라 38 그의 위에 이는 유대인의 왕이라 쓴 패가 있더라 39 달린 행악자 중 하나는 비방하여 이르되 네가 그리스도가 아니냐 너와 우리를 구원하라 하되 40 하나는 그 사람을 꾸짖어 이르되 네가 동일한 정죄를 받고서도 하나님을 두려워하지 아니하느냐 41 우리는 우리가 행한 일에 상당한 보응을 받는 것이니 이에 당연하거니와 이 사람이 행한 것은 옳지 않은 것이 없느니라 하고 42 이르되 예수여 당신의 나라에 임하실 때에 나를 기억하소서 하니 43 예수께서 이르시되 내가 진실로 네게 이르노니 오늘 네가 나와 함께 낙원에 있으리라 하시니라.

23:26-32. 제자들 대신 구레네 사람 시몬이 예수님의 십자가를 대신 지게 된다. 구레네는 오늘날 리비아의 트리폴리이다. 우리는 구레네 시몬에 대하여 아는 것이 없다. 그가 후에 감독이 되었다고 하는 것은 전설에 불과하다.

23:32. 이사야 53:12의 말씀이 행악자들을 통해서 성취된다. "그러므로 내가 그에게 존귀한 자와 함께 몫을 받게 하며 강한 자와 함께 탈취한 것을 나누게 하리니 이는 그가 자기 영혼을 버려 사망에 이르게 하며 범죄자 중 하나로 헤아림을 받았음이니라 그러나 그가 많은 사람의 죄를 담당하며 범죄자를 위하여 기도하였느니라."

23:33-43. 누가는 이 부분에서 해골이라 하는 곳에서 예수님이 십자가에서 달려 죽으시는 모습을 행악자들과 함께 소개하여 준다. 골고다는 아람어로 "해골"을 표현한 것이고, 갈보리는 라틴어로 "해골"을 표현한 것이다.

예수님의 존재를 부인하던 종교 지도자들, 로마 병정들, 그리고 두 행악자 중 한 명을 통하여 예수님의 정체가 더 명확하게 드러나고 있다. 무리와 강도 중에 하나가 예수님의 무죄를 증거한다. 남을 구원한다는 말이 반복되고 있다.

23:34-35. 예수님은 십자가 위에서 자신을 못 박는 자들을 위하여 기도하시고 그들을 용서해 주신다. 그리고 로마 병정들은 예수님의 옷을 제비뽑아 나누어 갖는다. 이것은 시편 22:18에 언급된 말씀이 성취되는 것이다.

23:36-43. 군인들은 신 포도주를 예수님에게 주며 네가 너를 구원하라고 희롱한다. 이러한 행동은 군인들도 예수님이 죽어 마땅하다는 것을 인정하는 태도이다.

관원들과 군병들은 십자가 위에 "유대인의 왕이라"는 패를 붙이고 "만일 유대인의 왕이면 네가 너를 구원하라"고 하며 예수님을 조롱한다. 그리고 백성과 십자가에 달린 한 행악자까지도 "네가 그리스도가 아니냐 너와 우리를 구원하라"고 예수님을 희롱한다.

그러나 행악자 가운데 다른 하나는 그리스도를 알아 본다. "예수여 당신의 나라에 임하실 때에 나를 기억하소서." 이로 인하여 예수님은 이 사람을 기억해 주신다. "오늘 네가 나와 함께 낙원에 있으리라."

누가복음 23:44-49
숨지시다

▶말씀 속으로◀

23:44 때가 제육시쯤 되어 해가 빛을 잃고 온 땅에 어둠이 임하여 제구시까지 계속하며 45 성소의 휘장이 한가운데가 찢어지더라 46 예수께서 큰 소리로 불러 이르시되 아버지 내 영혼을 아버지 손에 부탁하나이다 하고 이 말씀을 하신 후 숨지시니라 47 백부장이 그 된 일을 보고 하나님께 영광을 돌려 이르되 이 사람은 정녕 의인이었도다 하고 48 이를 구경하러 모인 무리도 그 된 일을 보고 다 가슴을 치며 돌아가고 49 예수를 아는 자들과 갈릴리로부터 따라온 여자들도 다 멀리 서서 이 일을 보니라.

23:44. "육시"는 오전 12시이고, "구시"는 오후 3시이다. "온 땅에 어둠이 임"한다는 것은 자연까지 예수님의 죽음에 반응을 보인다는 뜻이다.

23:45. "성소의 휘장이 한가운데가 찢어지"는 것은 예수님의 대속의 죽음으로 인하여 하나님과 인간 사이를 갈라 놓았던 관계를 회복시키셨다는 뜻이다. 그리고 우리를 위한 새로운 길이 열렸다는 상징이다.

23:46. 예수님은 "아버지 내 영혼을 아버지 손에 부탁하나이다"라고 말씀하신다. 이것은 예수께서 시편 31:5를 말씀하시는 것이다. "내가 나의 영을 주의 손에 부탁하나이다 진리의 하나님 여호와여 나를 속량하셨나이다."

23:47. "백부장이 그 된 일을 보고 하나님께 영광을 돌려 이르되 이 사람은 정녕 의인이었도다 하고." 십자가에 달려 돌아가시는 예수께 응답한 사람은 이방인 백부장이었다. 백부장은 자신이 본대로 또한 느낀 대로 말했다.

23:48. 십자가에 달리신 예수님을 본 두 번째 사람들은 무리였다. 여기서 본 사람들은 가슴을 치며 돌아갔다.

23:49. 세 번째로 예수님의 십자가에 응답한 사람들은 갈릴리로부터 따라온 여자들이었다. 이 사람들은 끝까지 이 일을 보고 있었다.

누가복음 23:50-56
요셉이 예수의 시체를 장사지내다

━▶ 말씀 속으로 ◀━

아리마대 요셉이 빌라도에게 예수님의 시체를 요구하여 예수님을 장사지내는 것으로 고난과 십자가의 이야기가 종결된다. "의로운 요셉"은 아리마대 사람이고, 공회원이며, 하나님의 나라를 기다리는 사람이다. 요셉은 빌라도에게 가서 예수님의 시체를 요구한 것으로 보아 예수께 충성을 다한 사람이다.

예수님의 시체를 받은 아리마대 요셉은 예수님의 시체를 우대하여 아직 사람을 장사한 일이 없는 바위에 판 무덤에 예수님을 장사지낸다. 그리고 누가는 예수님의 시체를 다른 시체와 혼돈하지 않기 위하여 장사한 일이 없는 무덤이라고 표현하고 있는 것이다. 이 모든 일이 준비일에 행해졌다. 즉, 안식일이 시작하기 전에 행해졌다. 통례적으로 로마 정부는 십자가에 달려 죽은 사람들을 식구에게 내어주지 않았다. 그만큼 아리마대 요셉은 존경받던 사람이었다.

━▶ 생활 속으로

☼ 제자들이 십자가를 지고 가시는 예수님을 도와주지 못하였을 때, 구레네 시몬이라는 사람이 예수님의 십자가를 대신 진다. 내가 예수님의 무거운 짐을 덜어드리기 위하여 지는 십자가는 무엇일까?

☼ 십자가 처형을 바라보던 백부장은 "이 사람은 정녕 의인이었다."고 말한다. 예수님에 대한 나의 고백은 무엇인가?

☼ 아리마대 요셉은 공회원의 신분으로 있으면서도 빌라도에게 정치범으로 죽은 예수님의 시체를 돌려달라고 요청한다. 나에게 해가 돌아올 것을 알면서도 나는 예수님을 증거해 본 적이 있는가? 왜 그렇게 했는가?

누가복음 24:1-12
살아나시다

━▶ 말씀 속으로 ◀━

계명을 따라 안식일에 쉬더라 24:1 안식 후 첫날 새벽에 이 여자들이 그 준비한 향품을 가지고 무덤에 가서 2 돌이 무덤에서 굴려 옮겨진 것을 보고 3 들어가니 주 예수의 시체가 보이지 아니하더라 4 이로 인하여 근심할 때에 문득 찬란한 옷을 입은 두 사람이 곁에 섰는지라 5 여자들이 두려워 얼굴을 땅에 대니 두 사람이 이르되 어찌하여 살아 있는 자를 죽은 자 가운데서 찾느냐 6 여기 계시지 않고 살아 나셨느니라 갈릴리에 계실 때에 너희에게 어떻게 말씀하셨는지를 기억하라 7 이르시기를 인자가 죄인의 손에 넘겨져 십자가에 못 박히고 제삼일에 다시 살아나야 하리라 하셨느니라 한대 8 그들이 예수의 말씀을 기억하고 9 무덤에서 돌아가 이 모든 것을 열한 사도와 다른 모든 이에게 알리니 10 (이 여자들은 막달라 마리아와 요안나와 야고보의 모친 마리아라 또 그들과 함께 한 다른 여자들도 이것을 사도들에게 알리니라) 11 사도들은 그들의 말이 허탄한 듯이 들려 믿지 아니하나 12 베드로는 일어나 무덤에 달려가서 구부려 들여다 보니 세마포만 보이는지라 그 된 일을 놀랍게 여기며 집으로 돌아가니라.

예수님이 십자가에 달리신 날은 안식일 전날 금요일이었다. 이들은 예수님의 시체를 십자가에서 내려 무덤 안에 장사지내는 것까지 모두 확인한 후에 집으로 돌아갔다. 그리고 예수님의 시체와 무덤을 위해서 향품과 향유를 준비해서 안식일이 지나자마자 다음날 새벽에 예수님의 무덤을 찾아갔다. 그러나 예수님의 시체가 무덤에 없었다. 예수님이 부활하신 것이다.

이 여자들은 예수님이 살아 계실 때 자신이 십자가에 돌아가신 후 삼 일 만에 부활하시겠다고 말씀을 여러 차례 하셨지만 빈 무덤을 보고도 예수님의 부활에 대해서는 전혀 생각할 수 없었다. 그리고 흰 옷을 입은 두 천사로부터 예수님이 부활하셨다는 소식을 듣고 즉시 돌아가서 예수님이 부활하셨다는 소식을 제자들과 사람들에게 알렸지만 그들

역시 여자들이 허탄한 말을 한다고 생각하며 믿지 않았다 (11절). 부활 사건은 성경에서 가장 중요한 사건이요, 우리 믿음의 핵심 내용이다. 빈 무덤에 관한 기사는 사복음서에 다 기록되어 있다. 그리고 빈 무덤에 관한 기사에는 별 차이가 없다. 그러나 사복음서는 부활하신 예수께서 나타나시는 기사를 다양하게 소개하여 준다.

24:1-4. "안식 후 첫날 새벽"은 오늘날 일요일 새벽에 해당한다. 여자들은 준비한 향품을 가지고 무덤에 찾아간다. 마태복음에 따르면, 여인들이 밖에서 무덤을 바라보는 동안 천사가 돌을 옮긴다. 그 천사의 형상은 번개 같고 그 옷은 눈 같이 희다. 마가복음은 여인들이 누가 우리를 위하여 무덤 문에서 돌을 굴려 주리요 하고 있었을 때, 눈을 들어본즉 벌써 돌이 굴려져 있었다. 무덤 속에 들어갔을 때 천사를 보는데, 그 천사의 형상은 흰 옷을 입은 한 청년과 같았다.

누가복음도 마가복음과 같이 준비한 향품을 가지고 무덤에 가 보니 벌써 돌이 무덤에서 굴려 옮겨진 것을 본다. 무덤 속에 들어가니 예수님의 시체가 없는 것을 보고, 문득 찬란한 옷을 입은 두 사람이 곁에 서 있는 것을 본다. 분명히 두 사람은 예수님의 부활을 입증하여 주는 역할을 하는 사람들이다 (신 19:15).

누가는 예수님의 부활과 관련하여 세 부활 이야기를 소개한다. 첫째는 빈 무덤에 관한 이야기이고 (24:1-12), 둘째는 엠마오로 가던 제자들에게 나타나신 이야기이고 (24:13-35), 셋째는 열한 제자에게 나타나시는 이야기이다 (24:36-54).

마태복음과 요한복음은 예수님의 부활 이야기가 예루살렘과 갈릴리와 관련되어 있는데, 누가복음은 모든 부활 이야기가 예루살렘 근교에서 같은 날 일어난다. 누가에게는 예루살렘이 중요한 곳인데, 성령이 예루살렘 교회에 임하시기 때문이다 (눅 24:49; 행 1:4; 2:1-13). 빈 무덤에 찾아간 여자들은 예수님의 십자가를 목격한 사람들이고 (23:49), 장사를 목격한 사람들이고 (23:55-56), 빈 무덤을 목격한 사람들이다 (24:1). 이 목격자들은 돌아가 이 모든 것을 열한 사도와 다른 모든 이에게 알린다. 사도들은 그들의 말이 허탄한 듯이 들려 믿지 않는다. 베드로는 그 된 일을 놀랍게 여기며 집으로 돌아간다.

"주 예수"는 부활하신 예수님을 부르는 호칭이다.

▶생활 속으로

☼ 내가 성경의 여자들과 같이 빈 무덤을 목격했다면 예수님의 부활을 확신할 수 있었을까?

누가복음 24:13-35
엠마오 길에서 제자들에게 나타나시다

▶말씀 속으로◀

24:13 그 날에 그들 중 둘이 예루살렘에서 이십오 리 되는 엠마오라 하는 마을로 가면서 14 이 모든 된 일을 서로 이야기하더라 15 그들이 서로 이야기하며 문의할 때에 예수께서 가까이 이르러 그들과 동행하시나 16 그들의 눈이 가리어져서 그인 줄 알아보지 못하거늘 17 예수께서 이르시되 너희가 길 가면서 서로 주고받고 하는 이야기가 무엇이냐 하시니 두 사람이 슬픈 빛을 띠고 머물러 서더라 18 그 한 사람인 글로바라 하는 자가 대답하여 이르되 당신이 예루살렘에 체류하면서도 요즘 거기서 된 일을 혼자만 알지 못하느냐 19 이르시되 무슨 일이냐 이르되 나사렛 예수의 일이니 그는 하나님과 모든 백성 앞에서 말과 일에 능하신 선지자이거늘 20 우리 대제사장들과 관리들이 사형 판결에 넘겨 주어 십자가에 못 박았느니라 21 우리는 이 사람이 이스라엘을 속량할 자라고 바랐노라 이뿐 아니라 이 일이 일어난 지가 사흘째요 22 또한 우리 중에 어떤 여자들이 우리로 놀라게 하였으니 이는 그들이 새벽에 무덤에 갔다가 23 그의 시체는 보지 못하고 와서 그가 살아나셨다 하는 천사들의 나타남을 보았다 함이라 24 또 우리와 함

께 한 자 중에 두어 사람이 무덤에 가 과연 여자들이 말한 바와 같음을 보았으나 예수는 보지 못하였느니라 하거늘 25 이르시되 미련하고 선지자들이 말한 모든 것을 마음에 더디 믿는 자들이여 26 그리스도가 이런 고난을 받고 자기의 영광에 들어가야 할 것이 아니냐 하시고 27 이에 모세와 모든 선지자의 글로 시작하여 모든 성경에 쓴 바 자기에 관한 것을 자세히 설명하시니라 28 그들이 가는 마을에 가까이 가매 예수는 더 가려 하는 것 같이 하시니 29 그들이 강권하여 이르되 우리와 함께 유하사이다 때가 저물어가고 날이 이미 기울었나이다 하니 이에 그들과 함께 유하러 들어가시니라 30 그들과 함께 음식 잡수실 때에 떡을 가지사 축사하시고 떼어 그들에게 주시니 31 그들의 눈이 밝아져 그인 줄 알아 보더니 예수는 그들에게 보이지 아니하시는지라 32 그들이 서로 말하되 길에서 우리에게 말씀하시고 우리에게 성경을 풀어 주실 때에 우리 속에서 마음이 뜨겁지 아니하더냐 하고 33 곧 그 때로 일어나 예루살렘에 돌아가 보니 열한 제자 및 그들과 함께 한 자들이 모여 있어 34 말하기를 주께서 과연 살아나시고 시몬에게 보이셨다 하는지라 35 두 사람도 길에서 된 일과 예수께서 떡을 떼심으로 자기들에게 알려지신 것을 말하더라.

누가복음은 믿음에 입각한 깨달음과 응답을 중요하게 생각한다. 예수께서 수차례 걸쳐 반복하셨음에도 불구하고 예수님의 죽음과 부활은 측근자들에게까지 믿어지지 않는 일이었다.

24:13-16. "그 날" ("안식 후 첫날") 두 제자가 엠마오를 향해 가고 있었다. 그들은 그 날 일어난 일들에 대하여 서로 이야기하고 있었다. 그 때 부활하신 예수님이 그들과 동행하신다. "엠마오"의 정확한 위치는 알 수 없는데 오늘의 "칼로니에" 아니면 "암와스"일 것이라고 추측할 뿐이다.

24:17. 예수님은 그들에게 물으신다. "서로 주고받고 하는 이야기가 무엇이냐?"

24:18-35. 그 중에 한 사람인 글로바라 하는 사람은 그 날 예루살렘에서 일어난 일을 모르는 사람이 있다는 사실 자체를 이해할 수 없었다. "당신이 예루살렘에 체류하면서도 요즘 거기서 된 일을 혼자만 알지 못하느냐"고 묻는다. 글

로바는 동행하고 계시던 예수님에게 나사렛 예수의 일에 대하여 말하여 준다. 그는 백성 앞에서 말과 일에 능하신 선지자였다. 대제사장들과 관리들이 그를 십자가에 못 박았다. 우리는 이 사람이 이스라엘을 속량할 자라고 믿었다. 우리 중에 어떤 여자들이 새벽에 무덤에 갔다가 시체는 보지 못하고 천사들이 나타나 그가 살아나셨다는 말을 들었다. 우리와 함께 한 자 중에 두어 사람이 그 곳에 가서 여자들이 말한 그대로 보고 왔다고 말해 준다.

• 예수님이 그들과 함께 음식을 잡수실 때에야 그들의 눈이 밝아져 예수님을 알게 된다. 그리고 예수님이 성경을 풀어 주실 때 마음이 뜨거워지는 것을 체험하게 된다.

• 부활하신 예수님은 제자들과 동행해 주신다. 부활하신 예수님은 우리와도 동행하신다.

• 부활하신 예수님은 제자들이 과거에 알고 있던 것들을 기억나게 해주셨다. 부활하신 예수님은 우리가 예수님에 대하여 알고 있는 것들을 기억나게 해주신다.

• 부활하신 예수님은 제자들에게 성경을 풀이해 주시고 그들의 눈을 뜨게 해주셨다. 부활하신 예수님은 우리에게도 성경을 풀이해 주시고 우리의 눈을 뜨게 해주신다.

• 부활하신 예수님은 그들이 결단할 수 있는 기회를 주신다. 부활하신 예수님은 우리에게도 결단할 것을 기대하신다 ("찬송과 예배" 중에서 참조. 2001, 연합감리교회출판부).

엠마오 도상의 이야기는 예수님의 부활을 보지 못한 사람들이 예수님을 어떻게 믿을 수 있는가를 말해 주는 것이다.

➡ 생활 속으로

☼ 성경 말씀을 읽다가 가슴이 뜨거워졌던 체험을 서로 나누어 보자.
☼ 예수님이 나와 동행하고 계시다는 사실을 체험해 보았는가?

누가복음 24:36-53
제자들에게 나타나시고 승천하시다

▶ 말씀 속으로 ◀

24:36 이 말을 할 때에 예수께서 친히 그들 가운데 서서 이르시되 너희에게 평강이 있을지어다 하시니 37 그들이 놀라고 무서워하여 그 보는 것을 영으로 생각하는지라 38 예수께서 이르시되 어찌하여 두려워하며 어찌하여 마음에 의심이 일어나느냐 39 내 손과 발을 보고 나인 줄 알라 또 나를 만져 보라 영은 살과 뼈가 없으되 너희 보는 바와 같이 나는 있느니라 40 이 말씀을 하시고 손과 발을 보이시나 41 그들이 너무 기쁘므로 아직도 믿지 못하고 놀랍게 여길 때에 이르시되 여기 무슨 먹을 것이 있느냐 하시니 42 이에 구운 생선 한 토막을 드리니 43 받으사 그 앞에서 잡수시더라 44 또 이르시되 내가 너희와 함께 있을 때에 너희에게 말한 바 곧 모세의 율법과 선지자의 글과 시편에 나를 가리켜 기록된 모든 것이 이루어져야 하리라 한 말이 이것이라 하시고 45 이에 그들의 마음을 열어 성경을 깨닫게 하시고 46 또 이르시되 이같이 그리스도가 고난을 받고 제삼일에 죽은 자 가운데서 살아날 것과 47 또 그의 이름으로 죄 사함을 받게 하는 회개가 예루살렘에서 시작하여 모든 족속에게 전파될 것이 기록되었으니 48 너희는 이 모든 일의 증인이라 49 볼지어다 내가 내 아버지께서 약속하신 것을 너희에게 보내리니 너희는 위로부터 능력으로 입혀질 때까지 이 성에 머물라 하시니라 50 예수께서 그들을 데리고 베다니 앞까지 나가사 손을 들어 그들에게 축복하시더니 51 축복하실 때에 그들을 떠나 [하늘로 올려지시니] 52 그들이 [그에게 경배하고] 큰 기쁨으로 예루살렘에 돌아가 53 늘 성전에서 하나님을 찬송하니라.

열한 제자가 예수님이 부활하셨음에도 불구하고 두려워하고 있을 때, 예수님이 그들에게 나타나셔서 "어찌하여 두려워하며 어찌하여 마음에 의심이 일어나느냐"고 물으신다. "내 손과 발을 보고 나인 줄 알라 또 나를 만져 보라 영은 살과 뼈가 없으되 너희 보는 바와 같이 나는 있느니라." 그 순간 의심과 두려움에 싸여있던 제자들은 예수님이 정말로 부활하셨음을 믿게 되었다.

부활은 예수님의 고난과 죽음에 대한 예언을 성취한 것

을 입증하여 주는 사건이다. 그러므로 예수님을 따르는 사람들은 우선 예수께서 부활하셨다는 사실을 나름대로 체험할 수 있는 기회를 가져야 한다. 그 때만이 예수께서 우리의 죄를 위하여 당하신 고난과 죽음의 참 뜻을 이해할 수 있게 될 것이다. 우리의 이성으로는 죽은 사람이 살아난다는 사실을 이해할 수 없다. 그러나 믿음으로 우리는 부활을 확신할 수 있다. 부활의 힘을 확신할 수 있을 때, 예수님이 우리의 마음을 열어 주시는 분이심을 깨닫게 되고, 새로운 삶에 참여하게 된다. 예수님께서 약속하신 모든 것이 다 이루어졌다는 사실을 깨닫게 된다.

24:50-53. 사복음서 가운데 누가만이 예수님의 승천에 대하여 기록한다. 다른 신약성경의 책들은 이미 승천하신 예수님에 대하여 기록할 뿐이다. 예를 들면, "내리셨던 그가 곧 모든 하늘 위에 오르신 자니 이는 만물을 충만하게 하려 하심이라" (엡 4:10). "그는 하늘에 오르사 하나님 우편에 계시니 천사들과 권세들과 능력들이 그에게 복종하느니라" (벧전 3:22). "그러므로 우리에게 큰 대제사장이 계시니 승천하신 이 곧 하나님의 아들 예수시라 우리가 믿는 도리를 굳게 잡을지어다" (히 4:14).

승천하신 예수님은 예루살렘에서 2마일쯤 떨어져 있는 베다니에 있는 감람원에서 승천하신다 (행 1:12). 누가가 쓴 사도행전 1장에 볼 것 같으면 부활하신 예수님이 40일 동안 지상에 계시다가 승천하신 것으로 기록되어 있다.

승천은 시간과 공간을 초월하여 하나님께서 예수님을 통하여 이루시려고 하신 구원계획을 현재진행형으로 계속하시는 것을 뜻한다. 승천은 인성을 가지셨던 예수님이 영원한 신성의 모습으로 다시 돌아가시는 것을 뜻한다. 그러므로 승천은 예수님의 임재와 교회의 사역이 연결되는 것으로 이해할 수 있다. 승천으로 인하여 앞으로 성령의 역할이 활발하게 전개될 것이다.

━▶생활 속으로

☼ 나는 진정으로 예수님이 죽으시고, 장사되고, 삼 일 만에 부활하셨다는 믿음을 가지고 있는 사람인가?
☼ 엠마오 이야기에서 우리 삶에 와닿는 사건들을 모두 열거해 보자.
☼ 예수님이 나에게 지금 나타나시면 무엇에 대하여 말씀하여 주실까?
☼ 예수님의 승천을 우리는 어떻게 이해해야 하는가?
☼ 기독교는 부활 신앙 위에 세워진 종교라는 표현은 무엇을 뜻하는 것인가?

▶저자 소개◀

말씀과 생활 강해 성경공부 시리즈 가운데 **누가복음**을 집필한 원달준 목사는 서울 감리교신학대학교, 연세대학교 연합신학대학원, 오하이오 감리교신학교, 드류대학교 대학원에서 성서신학을 전공하였다.

저자는 미연합감리교회 동부오하이오연회에서 목사 안수를 받은 후 40년 동안 사역하였으며, 평신도들에게 50년 이상 성경을 가르친 경험이 있다. 그는 25년 동안 테네시 주 내쉬빌에 있는 미연합감리교회출판부에서 교단을 위하여 출판 사역을 하다가 2009년에 은퇴하였다.

CPSIA information can be obtained at www.ICGtesting.com
Printed in the USA
LVOW04s0713210415

435373LV00012B/110/P